O BARC Y WERN
I BARC Y FAENOL

O BARC Y WERN
I
BARC Y FAENOL

SELWYN GRIFFITH

bwthyn
GWASG Y BWTHYN

ISBN 9-781904845-58-4

Mae'r cyhoeddwr yn cydnabod
cefnogaeth ariannol
Cyngor Llyfrau Cymru.

Cyhoeddwyd ac argraffwyd gan
Wasg y Bwthyn, Caernarfon

CYNNWYS

CYFLWYNAF Y GYFROL I

MYRA

AM IDDI OFALU AMDANAF

AM HANNER CANRIF

Diolch i Karen Owen am deipio'r llawysgrif
ac i Arwyn Roberts am y llun sydd ar y clawr.
Diolch hefyd i Geraint Lloyd Owen
a Gwasg y Bwthyn am bob cymorth.

7

FY NGWOBR GYNTAF UN

Mae'r darn papur hollbwysig sydd yn fy meddiant yn tystio i mi ddod i'r hen fyd yma yn gynnar ar 19 Mai, 1928. Digwyddodd gwyrth y geni yn Gwynfryn, Bethel, taith-deud-adnod o gapel yr Annibynwyr. Dw i'n cofio dim am y diwrnod mawr hwnnw yn fy hanes, ond synnwn i ddim na ches i frecwast yn fy ngwely.

Yn ôl pob hanes, bu cryn dipyn o helynt ynglŷn â pha enw i'w roi arna' i. Tua mis cyn i mi wlychu fy nghlwt cynta', roedd Taid Ty'n Pwll (tad fy nhad) wedi chwythu ei anadl ola'. Griffith Griffith oedd ei enw – enw dwbwl-baril, a doedd byw na marw gan deulu Ty'n Pwll nad dyna beth ddylai fy enw i fod, er parchus goffadwriaeth am Taid.

Doedd Mam ddim yn or-hoff o'r syniad. O bosib, roedd hi wedi rhagweld y byddai'r ddwy lythyren gynta' o Griffith Griffith, sef yr 'GG', yn mynd yn 'Jî-Jî' ac y byddai cyfoedion direidus fy mhlentyndod o fewn dim o amser yn cael hwyl drwy fy nghysylltu â cheffylau.

Fodd bynnag, o fewn ychydig ddyddiau i lein ddillad Gwynfryn chwifio baneri gwyn o glytiau glân i ddangos fy nyfodiad i'r hen fyd yma, daeth 'Nel Bach Bryn' i longyfarch Mam, ac i roi cusan o groeso i minnau, reit siŵr. Un o deulu enwog Bryntirion oedd Miss Elen Griffith (i roi enw parchus arni) – teulu a roes fwy nag un gweinidog i Eglwys Bethel, rhai fel y Parchedigion David Griffith ac R W Griffith.

Gan i mi gael fy ngeni mor agos i Ŵyl y Sulgwyn, wrth ffarwelio â Mam, dywedodd Nel Bach Bryn: 'Cael ei eni ar y Sulgwyn – wel wir, bendith arnoch chi, a sêl wen fyddo ar eich bywyd chitha hefyd.'

A dyna sut y ces i fy ngalw yn Selwyn – enw a oedd y pryd

hynny yn un pur anghyffredin. Ond fe fynnodd teulu Ty'n Pwll gael eu ffordd eu hunain hefyd, ac fe fracedwyd yr enw Selwyn rhwng y ddau Griffith. Felly, fy enw swyddogol i ar fy nhystysgrif geni ydi Griffith Selwyn Griffith. Deallaf i deulu Ty'n Pwll fod yn bur styfnig ar y dechrau a llwyr anwybyddu'r Selwyn. Dydi hi'n hawdd pechu teulu, deudwch.

Ta waeth, unwaith bob deng mlynedd y bydda' i'n arddel fy enw swyddogol, a hynny o reidrwydd, pan ddaw hi'n amser codi trwydded deithio (pasbort) newydd. Roedd hi'n arferiad yn yr hen ddyddiau i blant gael eu henwi ar ôl eu teidiau a'u neiniau er parch i'w hynafiaid. Sori, Taid, wnes i ddim parhau'r hen draddodiad.

Gan fy mod i wedi sôn am fy nyddiau cynnar, waeth i mi sôn am y fuddugoliaeth gynta' a ddaeth i'm rhan i, er nad wy'n cofio dim am yr achlysur. Ond rwy'n siŵr i'r ysfa gystadlu gael ei phlannu ynof yn gynnar iawn oherwydd hyn.

Mae gen i brawf o'm llwyddiant: bocs o lwyau te arian na ddefnyddiwyd mohonyn nhw erioed. Yn y bocs, mae yna gerdyn ac arno'r geiriau: '1st prize for the best baby fed on Nestlé's milk'. Hefyd yn yr un bocs, mae yna doriad o'r papur lleol sy'n profi i mi gael y wobr gynta' yn Sioe Fabanod y Felinheli.

Na, dydw i'n cofio dim am y diwrnod buddugoliaethus hwnnw, ond mi alla' i ddychmygu'r wên ar wyneb Mam a'r llawenydd yn ei chalon wrth iddi fy rowlio i adre' yn y pram o'r Felinheli i Fethel, ac mi alla' i ddychmygu'r cawodydd o gusanau fu'n disgyn arna' i am i mi ddod â'r ffasiwn anrhydedd i'r teulu.

Ia, y pnawn hwnnw yn Sioe Fabanod y Felinheli y plannwyd yr ysfa i gystadlu ynof. 'Presented to Selwyn Griffith' sydd ar y cerdyn yn y bocs llwyau te. Dim sôn am Griffith Selwyn Griffith.

Do, fe gafodd Mam ddwy fuddugoliaeth y pnawn hwnnw ar lannau Menai dlawd.

DAU DEULU

Roedd teulu fy nhad a fy mam yn hanu o Fethel ac rwyf finnau wedi cael y fraint o fyw yn yr ardal drwy gydol fy oes.

Fy rhieni oedd John a Gwladys Griffith ac, yn anffodus, fi oedd eu hunig blentyn. Mi hoffwn yn fawr petai gen i frawd neu chwaer. Ond dyna fo. Euron, ein mab, ydi'r unig blentyn a gafodd Myra, fy mhriod, a minnau hefyd.

Fel pawb, bron, ym mhentre' Bethel a phentrefi eraill y fro yn nyddiau fy mhlentyndod, chwarelwr oedd Nhad. Stwcyn boliog, cwta bum troedfedd o daldra a baswr selog yng nghôr enwog Dilys Wynne, Côr Caernarfon. Smociai 'Players', a chawn innau'r pleser o gasglu'r cardiau lliwgar o luniau pêl-droedwyr enwog y cyfnod. Roedd gan Nhad ddiddordeb arbennig mewn bocsio a phêl-droed, a phan oeddwn i'n chwarae fel golwr i dimau Caernarfon, gellid mentro y byddai Nhad ar yr Oval yn cefnogi'r Cofis.

Bocswyr oedd ei arwyr, ac fe wrandawai ar bob gornest o bwys ar y radio. Cofiaf i minnau gael codi yn ystod oriau mân un bore i wrando ar yr ornest enwog honno rhwng Joe Louis a'r Cymro o Donypandy, Tommy Farr, a'r frwydr yn clecian fel cesair o berfedd y Philips. Oedd, roedd Nhad yn bendant ei farn i Tommy Farr gael cam y noson honno, neu'r bore hwnnw, yn America bell.

Ty'n Pwll oedd cartre' Nhad. Bwthyn bychan yng nghanol y rhan ucha' o'r pentre a adweinir fel Saron. Yma roedd tair modryb i mi'n byw, tair o chwiorydd Nhad, tair hen ferch. Roedd chwaer arall, Ellen, wedi priodi ac yn byw mewn lle o'r enw Tyddyn Gwndwn gyda'i gŵr, Richard, ac roedd ganddynt un mab, Griffith Richard, yr unig gefnder oedd gennyf o ochr teulu fy nhad. Enwau'r tair chwaer a gartrefai yn Nhy'n Pwll oedd Awel Mai, Gwawr a Catherine Jane. Dywedir mai'r gweinidog newydd a ddaeth i Fethel, y bardd a chychwynnydd Eisteddfod y Plant, Rhys J Huws, a awgrymodd yr enwau Awel Mai a Gwawr. Athrawesau oedd Catherine a Gwawr, ac Awel oedd yn gofalu am yr aelwyd. Bu Anti Gwawr yn athrawes arna' i yn Ysgol Bethel – caf sôn am hynny eto.

Ar aelwyd Ty'n Pwll y bûm i'n gwylio fy arwr, Stanley Matthews, yn ennill ei fedal yn y ffeinal gyffrous honno rhwng Blackpool a Bolton yn 1953. Daeth Wembley a'i basiant mewn du a gwyn i barlwr gorlawn Ty'n Pwll y prynhawn hwnnw. Parlwr yn orlawn o chwarelwyr wedi cael gwahoddiad i wylio'r gêm, gan fod setiau teledu yn bethau prin iawn ym Methel yn 1953. Criw o chwarelwyr, a phob un ohonynt yn awyddus i weld Stanley Matthews yn ennill ei fedal. Do, fe aeth y byd pêl-droed i gysgu'n dawel y noson honno, ac roeddwn innau ar ben fy nigon.

Roedd Nhad a'i chwaer, Awel, yn aelodau ffyddlon o Gôr Caernarfon, dan arweiniad Dilys Wynne. Bob nos Wener, y drefn fyddai swper chwarel sydyn, molchi a newid i'w ddillad gorau, a dal y bws i Gaernarfon ar gyfer y practis côr. Bu'n cystadlu gyda'r côr mewn sawl Prifwyl, a byddai ymweld â'r Steddfod yn rhan o'n gwyliau blynyddol ni os byddai'r côr yn cystadlu.

Pan oeddwn i'n 'hogyn mawr' (tua 10 oed) yn Ysgol Bethel, mi ges i dreulio diwrnod yn y chwarel efo Nhad. Diwrnod i'w gofio oedd hwnnw. Codi'n gynnar i ddal y trên chwarel a redai o Ben Scoins i Gilfach Ddu. Dillad cynnes amdanaf, a llond tun bwyd o frechdanau blasus ar gyfer cinio yn y caban. Oeddwn, roeddwn i'n chwarelwr go iawn. Gweld y pileri gleision yn cael eu llifio a Nhad a'i bartner yn hollti ac yn naddu'r clytiau yn sied Hafod Ŵan. Canlyn wagan i ben doman, a do, mi ges i fochal yn 'cwt mochal ffiar' hefyd.

Dod adre' ar y trên, y tun bwyd yn wag ac, er fy mod i wedi blino'n llwyr, roeddwn i wedi cael profiad arbennig ac, am gyfnod, roeddwn innau am fod yn chwarelwr fel fy nhad a chodi'n gynnar bob bore i ddal y trên i Chwarel Dinorwig.

Sawl tro y dywedodd Mam wrtha' i, pan oeddwn i'n esgeulus fy ngwaith cartre' yn y Cownti Sgŵl, 'Os na weithi di, i'r hen chwaral 'na efo dy dad bydd rhaid i ti fynd.' Mi lwyddais i weithio digon fel na bu rhaid i mi fynd i'r chwarel, ac wrth edrych yn ôl dros ysgwydd y blynyddoedd, rwy'n ddiolchgar am hynny.

Anti Gwawr oedd yr ola' o deulu Ty'n Pwll. Bu farw yn 75 mlwydd oed. Ar ddiwrnod yr angladd, dywedodd fy nghefnder wrtha' i iddi adael y cyfan iddo fo. Roedd hyn yn fwy o siom i Mam nag i mi, oherwydd doedd yna fawr o gariad wedi bod rhwng Anti Gwawr a minnau erioed. Fe fyddai Nhad yn siomedig hefyd. Tra'n clirio'r cartre', fe ddywedodd fy nghefnder bod yna hanner tunnell neu fwy o lo yn y sied a bod croeso i mi wrtho. Manteisiais ar y cynnig, a'i gludo oddi yno, mewn sawl siwrne, yng nghefn y car. Gofynnwyd i mi gan sawl un, 'Fuost ti'n lwcus, reit siŵr, ar ôl dy Anti Gwawr?' Medrwn ateb â'm llaw ar fy nghalon – 'Do, lwcus iawn, mi losgais i'r cyfan a ges i ar ei hôl hi.'

Yn ystod y Rhyfel Byd Cyntaf, fe wasanaethodd Nhad yn yr India am gyfnod, ond ychydig iawn o'r hanes a glywais i ganddo – dim ond dangos ambell lun. Bu farw yn frawychus o sydyn, a llwch chwarel lechi Dinorwig fu'n gyfrifol am ei ddiwedd cynnar. Fe'i rhoddwyd i orffwys ym mynwent Llanddeiniolen ar ddydd Gŵyl Ddewi 1950 ac yntau'n ddim ond 53 mlwydd oed.

* * *

Gwynfryn (y tŷ lle'm ganed) oedd cartre' teulu Mam. Roedd Nain (mam fy mam) wedi marw flwyddyn cyn i mi ddod i'r hen fyd yma. Bu farw ddydd Calan 1927, a chlywais Mam yn dweud droeon mai ei geiriau olaf oedd 'Blwyddyn Newydd Dda iti, mechan i.' Roedd hi'n gas gan Mam glywed y cyfarchiad hwnnw am weddill ei hoes.

Cefais y cyfle i ddod i adnabod Taid (Hugh Jones). Chwarelwr oedd yntau, ac yn ôl pob stori amdano, roedd o'n gymeriad ffraeth ac yn llawn direidi. Efallai mai oddi wrth Taid y cefais innau'r natur ddireidus a fu'n rhan o'm cymeriad yn y blynyddoedd cynnar. Mwy am hynny eto.

Roedd tri o blant yn y teulu – un brawd, Hugh, a dwy chwaer,

Kate a fy Mam. Bu farw un chwaer arall, Hannah. Fe losgodd, a hithau ddim ond yn dair oed. Rwy'n cofio, roedd gan Mam gudyn o'i gwallt, wedi ei gadw'n barchus mewn cas gwydr.

Teiliwr oedd Yncl Hugh, ac fe briododd â Saesnes o'r enw Dorothy Grey Plerson– Anti Dot i mi. Fe'u priodwyd yng Nghapel Pen-dref, Caernarfon, ac fe aethant i dŷ cyfaill i Yncl Hugh yn Llanberis i dreulio un noson o fis mêl. Gwerthu fflagiau at achosion da ar Orsaf Caer roedd Dorothy pan gyfarfu'r ddau am y tro cynta', a bu Anti Dot yn parhau i godi arian tuag at achosion da am weddill ei hoes.

Bob tro y byddai Anti Dot yn dod i edrych am Taid i Fethel, fe fyddai yn ei gyfarch gyda 'And how are you today, Taid?' a rhoi clamp o gusan iddo. Ymateb taid fyddai, 'Duw, Duw, bob tro ma' hon yn dŵad yma, ma' 'na ryw sws ddiawl' gan wylltio'n gacwn. Mae gen i gof plentyn am Taid yn cael sawl sws gan Anti Dot, ac edrychwn ymlaen at y ddrama bob tro. Ganwyd tri o blant i Hugh a Dot – un ferch, Margaret, fy unig gyfnither, a dau fachgen, Ffred a Wil.

Bu Anti Kate yn athrawes yn Ysgol Gwaun Gynfi, Deiniolen, ac fe briododd â mab fferm o'r pentre', sef William Hughes, Glandinorwig (Wil Felin). Ganwyd un mab iddyn nhw, Owen (Now Felin). Doedd crefft gynta' dynol-ryw yn apelio dim at Now, ac fe dreuliodd ei oes fel dreifar bysus.

Un o bleserau mawr fy mhlentyndod oedd cael mynd ar fy meic o Fethel i fferm Glandinorwig, yn enwedig ar adeg cynhaeaf gwair, a hefyd pan gynhelid y ras gŵn defaid yno yn flynyddol. Ar dir fferm Glandinorwig y llosgwyd cyrff anifeiliaid y fro ar achlysur clwy'r traed a'r genau, ac mae'r coelcerthi, yn anffodus, yn fyw yn fy nghof hyd heddiw.

Gwantan fu iechyd Mam erioed, a bu'n dioddef o'r TB pan oedd yn ifanc iawn. Bu'n gweini am gyfnod yn Southport, ond ar ôl priodi a symud i'n cartre' newydd, Bryn Alun, gwraig tŷ fuodd Mam. Yn wir, dyna oedd dyletswydd pob gwraig i chwarelwr – cadw'r cartre'n daclus, coginio, golchi a thrwsio dillad, a gofalu bod yna swper chwarel blasus a maethlon ar y bwrdd bob nos.

Capel Bethel a'r gwasanaethau cysylltiedig ag o oedd prif ddiddordebau Mam, ac roedd y gweinidog, y Parchedig R Lloyd Matthews, yn arwr ganddi. Doedd yna neb cystal â Mr Matthews am weddïo mewn angladd, yn ôl Mam. Monwysyn oedd o, a heli'r môr yn ei wythiennau. Un o fechgyn Moelfre. Ei dad yn gyn-lywiwr y bad achub, ac roedd gan Mr Matthews ddarlith ddiddorol ar y testun 'Cwch bach fy nhad'.

Cafodd brofedigaeth fawr pan fu i'w unig fab, Owie, wneud diwedd iddo'i hun ac yntau'n ŵr ifanc. Bu hon yn ergyd drom i'r hen weinidog, ond fe heriodd y ddrycin ac fe safodd yn ddewr yn ei bulpud i gyhoeddi'r Gair, ac ni phallodd ei ffydd ar awr dywyll ei golled.

Mi gofiaf innau ei weddi yn angladd Nhad ddydd Gŵyl Ddewi ym mynwent Llanddeiniolen. Oedd, roedd Mr Matthews yn arwr i Mam.

Gan iddyn nhw golli eu mam a hwythau'n blant ifanc, fe gafodd dwy gyfnither i Mam eu magu ar aelwyd Gwynfryn am gyfnod. Anti Nel ac Anti Lisi i mi. Fe aethon nhw i fyw i Lerpwl yn ddiweddarach, ac fe fu'r ddwy'n gweithio yng Ngwasg y Brython. Yn ystod yr Ail Ryfel Byd fe ddinistriwyd eu cartre' yn Bootle ac fe ddaethon nhw'n ôl i fyw i Ceunant, Llanrug, ac yna i Gaernarfon. Yn wir, gellir dweud fod y pedair – Kate, Nel, Lisi a Mam – fel pedair chwaer, ac yn ffrindiau pennaf.

Bu Mam yn hynod o ffyddlon i'r holl wasanaethau yng nghapel yr Annibynwyr ym Methel. Yn aml iawn, fe fyddai gweinidog neu fyfyriwr o Goleg Bala-Bangor yn cael cinio Sul gyda ni. Ac ar ganol wythnos, yn achlysurol, fe gaem gwmni ambell ddarlithydd a fyddai'n ein diddori yn y Gymdeithas Lenyddol. Rwy'n cofio Bob Owen, Croesor a Llwyd o'r Bryn yn galw ac, yn aml iawn, fe fyddai un o feirniaid eisteddfod flynyddol y pentre' yn derbyn croeso aelwyd Bryn Alun.

Cyfeiriais uchod at y ffaith i Nhad gael ei gladdu ar ddydd Gŵyl Ddewi, 1950. Ar Fawrth y cyntaf, 1976, roeddwn i'n rhoi gwersi i'r plant yn Ysgol Dolbadarn, Llanberis. Trafod y dywediad 'Os daw Mawrth i mewn fel oen, fe aiff allan fel llew' roeddwn i, ac roedd hi'n fore tawel a heulog. Ar ganol y wers, daeth y prifathro, y diweddar Stanley Owen, i'r ystafell gan orchymyn i mi fynd adre' ar frys. Prin gyrraedd adre' wnes i, ond mi ges i'r cyfle i ffarwelio â Mam, cyn iddi roi ei hanadl ola'. Er iddi fod yn fore heulog, tawel, dod i mewn fel llew wnaeth mis Mawrth i mi y diwrnod hwnnw.

Pan ddaw Gŵyl Ddewi heibio, fedra' i ddim gwir ddathlu, gan fod yr atgofion am golli Nhad a Mam yn mynnu dod yn ôl. Mae'n debyg mai'r un teimlad gâi Mam o glywed y cyfarchiad 'Blwyddyn Newydd Dda'.

YSGOL BETHEL

Tua chanol mis Gorffennaf bob blwyddyn, mi fydda' i'n cael gwahoddiad i fynd i fy hen ysgol i gyflwyno gwobr fechan i'r sawl sydd, yn ôl barn yr athrawon, wedi gwneud y gwaith mwya' addawol yn y Gymraeg. Cyngerdd fydd yno gan y plant sydd ar fin ymadael am yr ysgol uwchradd y mis Medi dilynol. Fe fydd hwyl yno, ac fe fydd ambell ddeigryn yno hefyd.

Does gen i ddim cof am fy niwrnod cynta' yn Ysgol Bethel. Mae gen i ryw gof mai Miss Owen oedd enw'r athrawes. Mae'n debyg ei bod hi'n athrawes garedig, neu mi fyddwn i'n siŵr o gofio os oedd hi'n un flin a chas.

Ond, rwy'n cofio fod yno geffyl pren, a'r mwynhad a gawn o siglo ar ei gefn. Ys gwn i ai hwn oedd y ceffyl y cyfeirir ato yn llyfr lòg Ysgol Bethel, Mawrth 24, 1899, pan oedd Rhys J Huws yn weinidog yma? Yn Saesneg mae'r cofnod:

'*Our annual Prize Meeting was held this evening at Cysegr Chapel – the Rev Rhys J Huws in the chair. £3.5.9 was received for admission, which will be spent in the purchase of additional books for the School Library, and a rocking horse, or some such toy for the babies' room.*'

'*May 9th 1899. This afternoon a huge Rocking Horse arrived for the babies' amusement and education.*'

Ia, yr un ceffyl oedd o reit siŵr, yr un y bûm i'n ei farchogaeth ac y bu Euron, fy mab, yn ei reidio hefyd, ddeng mlynedd ar hugain neu fwy ar fy ôl i.

Fedrwn i ddim peidio â chofio fy athrawes yn Dosbarth 1, 2 a 3, gan ei bod hi'n chwaer i Nhad – Anti Gwawr. Miss Griffith oedd hi i bawb arall. Na, ches i ddim ffafr o gwbwl ganddi; yn wir, anfantais i mi fu'r berthynas waed a oedd rhyngom. Oedd, roedd

Anti Gwawr yn waeth na'r frân wen am gario clecs i'm rhieni am fy nrygioni a'm diogi yn ei dosbarth.

Ar lechen las y byddwn i'n ymlafnio i wneud sỳms a sgwennu stori yn nosbarth Anti Gwawr. Gwlychu'r mynych gamgymeriadau gyda phoeriad slei, a sychu'r llechen wedyn efo penelin fy jersi, nes y byddai twll yn ymddangos ar benelin pob jersi a feddwn.

Tân glo fyddai'n twymo stafell ddosbarth Anti Gwawr, ac o flaen y tân yn foreol fe fyddai catrawd o boteli llefrith yn c'nesu. Fe gaem dabledi *cod-liver oil* hefyd – ych a fi – a buan iawn y down i a'm cydysgolheigion cynnar i sylwi mai lle cyfleus i gladdu'r tabledi melyn oedd y botel inc a swatiai ar ganol pob desg. Yn ddiweddarach, a ninnau'n blant 'mawr' ac yn sgwennu efo inc, fe fydden ni'n pysgota'r capsiwls crynion ar flaen ein pinnau dur.

Doedd yna ddim cinio i'w gael yn yr ysgol yr adeg honno. Roedden ni'n mynd adre', a'm ffefryn i oedd brechdan sôs coch. Ar dywydd mawr, fe aem â brechdanau gyda ni i'r ysgol, a synnwn i ddim mai brechdanau sôs coch oedd rheini hefyd.

Mae rhai wedi gofyn i mi a fyddwn i'n mynd i'r ysgol ar gefn beic. Na, yn y dyddiau hynny, anrheg am basio'r Sgolarship oedd beic, ac wrth ffarwelio ag Ysgol Bethel y deuthum i'n berchennog beic. Ond, mi fyddwn i'n mynd i'r ysgol yn aml drwy rowlio cylchyn efo bachyn, a hefyd rowlio hen deiar car efo pric tân. Ac, wrth gwrs, fe fyddai iard yr ysgol yn un ffair o gemau marblis tuag adeg Diolchgarwch bob blwyddyn a mawr fu'r taeru, a'r chwarae'n troi'n chwerw ambell dro, o achos marblan. Ond ein prif bleser ni, y bechgyn, fyddai gêm o ffwtbol, a hynny'n aml iawn efo pêl dennis, tra oedd y genod yn cael yr un pleser o sgipio efo cortyn.

W D Jones oedd enw'r prifathro. William David Jones, ond i ni blant, 'Swigan Lard' oedd o, neu 'Swig', am fod ganddo fo sgleinar o ben moel. Roedd ganddo fo gansan, a chofiaf i mi gael ei blas unwaith am bledu Danial Hughes, Llwyn Bedw, efo peli eira pan oedd o'n pasio'r ysgol ar ei ffordd adre' o'r Felinheli ar ei fflôt lefrith. Roedd Swig yn gallu bod yn eitha' blin ar brydiau, yn enwedig os na fyddem wedi dysgu ein tablau. A thablau anodd oedden nhw – yr hen £.s.d a *sixteen ounces = one pound, fourteen pounds = one stone* – ac yn ein blaen hyd at dunnell. Hefyd, *twelve inches = one foot, three feet = one yard*, ac ymlaen nes cyrraedd milltir.

Yna, wedi meistroli'r tablau dyrys i gyd ar y cof, gwneud symiau cwbwl ddibwrpas fel *'How many feet in half a mile?'* neu *'How many pounds in half a ton?'* Do, mi glywais y term *stocks and shares* yn y dosbarth ucha' yn Ysgol Bethel hefyd, ond doedd gen i ddim syniad beth oedden nhw, bryd hynny.

Fe fyddai Swig mewn tymer dda bob diwedd mis. Deallais yn ddiweddarach mai derbyn siec ei gyflog oedd y rheswm am hyn.

Yn Standard 5 y gwelais i belen glôb am y tro cynta', a rhyfeddu at y ffaith fod y byd yn grwn, a bod y belen hon yn hongian ar ddim yn yr awyr. (Doedd yna ddim sôn am y gwagle bryd hynny). Sut oedd y moroedd yn gallu aros ar y belen? Oedd pobol Awstralia yn cerdded â'u pennau i lawr? Do, mi gymerais i ddiddordeb mawr yn y byd yn gynnar iawn – diolch i'r hen Sgŵl am hynny – ac roeddwn i'n benderfynol mai llongwr oeddwn i am fod ar ôl i mi dyfu, cyn i mi benderfynu bod yn bêl-droediwr, yn gowboi, ac yn ffilm-star yn eu tro.

Oedd, roedd gen i awydd, yn fy nyddiau cynnar yn Ysgol Bethel hyd yn oed, i grwydro i bellafoedd yr hen fyd yma. Onid oeddwn i wedi cael llyfrau am gasglu at y Genhadaeth, ac yn canu'n feunyddiol, bron 'Draw, draw yn China a thiroedd Japan / Plant bach melynion sy'n byw'? Roeddwn i'n ysu am gael mynd i ben draw'r byd – ble bynnag yr oedd o.

A pha well ffordd i weld y byd na mynd yn llongwr? Roedd yna hen rigwm a ganem: *'Join the Navy and see the world'*.

• • •

Wrth sôn am Francis Drake yn chwarae bowls yn Plymouth ac Armada Sbaen ar y gorwel, fe ddywedodd yr hen Sgŵl mai Bae Biscay oedd y môr mwya' stormus yn y byd i gyd. Rŵan, roedd pob athro a phob prifathro, yn sicr, yn bobol glyfar a gwybodus ac roedd popeth a ddywedai'r hen Sgŵl cyn wired â phader. A dyna pam

19

roeddwn i'n bur bryderus pan gefais y cyfle am y tro cynta' yn fy mywyd i groesi Bae Biscay. Mordaith bedair awr ar hugain oedd hi o Plymouth i Santander.

Fûm i'n sâl môr? Choeliais i fawr. Roedd Bae Biscay mor llonydd â Llyn Glanrafon ar hwyrnos haf, wrth i ni groesi i Wlad y Basg a hefyd wrth i ni groesi'n ôl i wlad y Sais. Am flynyddoedd bu gen i ddarlun o Fae Biscay stormus a chynhyrfus yng nghefn fy meddwl – darlun a blannwyd yn fy nghof yn Ysgol Bethel – ac fe chwalwyd y darlun yn llwyr mewn pedair awr ar hugain. Ond chwarae teg, mi fûm i a'm cyfoedion yn eitha' lwcus cael Mr Jones, Jôs Sgwl, yn brifathro arnon ni yn y dyddiau cynnar.

Fe fyddai Miss Bishop o Fangor yn galw'n achlysurol. Hi oedd yr Arolygydd Ymarfer Corff – hen ddynes flin, a gwae ni os na fedrem gyffwrdd â'n traed, heb blygu ein penna'-glinia'. Slap ar eich pen-ôl fyddai'r gosb. Fyddai fiw iddi hi, na neb arall, roi cosb gyffelyb i unrhyw blentyn heddiw.

Roedden ni'n cicio pêl ar iard yr ysgol fel plant pob oes, ac fe fyddai'r bêl yn aml yn cael ei chicio dros y wal fawr i Gors Llwyn Bedw. Tipyn o ymdrech fyddai dringo dros y wal i nôl y bêl. Sylwais, pan oeddwn yn Ysgol Bethel yn ddiweddar, nad oedd wal Gors Llwyn Bedw mor uchel ag yr oedd hi yn Nhridegau'r ganrif ddiwetha'. Pam, ys gwn i? Ar iard Ysgol Bethel y bûm i'n breuddwydio mai fi oedd Stanley Matthews, ond mae'r sied a fu'n Yankee Stadium wedi diflannu bellach. Yn y sied honno y bu'r ffeit fawr rhwng Huw Cefn Rhys a minnau. Huw oedd Tommy Farr, a minnau dan fy wyneb blac-led oedd Joe Louis. Fel y cyfeiriais yng ngherddi 'Arwyr':

> 'Erys craith dan fy llygad hyd heddiw
> yn farc o fuddugoliaeth Farr . . .'

Fel y dywedais, dw i ddim yn cofio fy niwrnod cynta' yn yr hen ysgol, ond mi rydw i'n cofio'r diwrnod ola'. Diwrnod dagreuol fu hwnnw i mi. Diwrnod cloi'r bennod gynta' o'm bywyd, reit siŵr. Un gwael am ffarwelio fûm i erioed.

COWNTI SGŴL

I'r Cownti Sgŵl yng Nghaernarfon yr aem ni yr adeg honno; doedd yna ddim cyfle i blant Bethel fynd i Ysgol Brynrefail, a doedd Ysgol Brynrefail ddim yn Llanrug y pryd hynny.

Cael mynd i'r ysgol mewn bws yn hytrach na cherdded. Gwneud ffrindiau newydd o bentrefi eraill. Cael chwarae ffwtbol ar gae go iawn. O ia, cael gwersi ar bynciau dieithr fel *Algebra*, *Geometry* a *General Science*, yn ogystal â *French* a *Latin*, a'r cyfan drwy gyfrwng y Saesneg. Oedd, roedd o'n fyd gwahanol.

Yn y Cownti Sgŵl y dois i gasáu Wil; yn wir fedrwn i mo'i ddiodde' fo. Ar Ma Bings roedd y bai. Hi gyflwynodd fi i Wil. Pwy gebyst oedd Ma Bings, meddech chi, a phwy oedd y Wil yma? Wel, Mrs Bingley, yr athrawes Saesneg, oedd Ma a Wil oedd William Shakespeare. Na, doedd Wil a finna fawr o fêts yn nyddiau pell y Cownti Sgŵl. Ond pam yr atgasedd? Wel, dw i'n dal i glywed Ma Bings a'i llais bygythiol ar ddiwedd gwers yn cyhoeddi, 'Your homework tonight is . . . learn the speech. There will be a test tomorrow.' Dyna ffordd sicr i fagu atgasedd mewn unrhyw blentyn tuag at farddoniaeth a beirdd – y bygythiad o'r test tomorrow yna.

A dyna sut y dois i gasáu Wil. Ond roedd Wil yn dipyn o foi, ac mi ddois i'n fwy o fêts efo fo yn ddiweddarach, a chael pleser yn ei gwmni, yn enwedig trwy ddarllen cyfieithiadau J T Jones o'i ddramâu. Wyddoch chi (o awdur a sgwennodd gymaint) sgwennodd Wil erioed yr un gair o'i hunangofiant.

Mae rhai'n awgrymu fod Wil yn cael clod am waith pobol eraill, gan gynnwys Syr Walter Raleigh (a oedd yn llenor da) a choeliwch neu beidio, y Frenhines Elisabeth y Gyntaf. Roedd gan Wil un-ar-ddeg o wahanol ffyrdd o sillafu ei enw ac, yn ogystal â bod yn sgrifennwr, roedd o hefyd yn actor o fri, a rhaid cofio na chaniateid i ferched actio yn nyddiau Shakespeare.

Ond doedd yr hen Wil ddim yn sicr iawn o'i ffeithiau. Yn y ddrama *Julius Caesar* mae un o'r cymeriadau'n cyfeirio at gloc yn taro. Rŵan, doedd yna ddim clociau taro am o leia' fil o flynyddoedd ar ôl marw Julius Caesar! Yn *The Winter's Tale* mae o'n cyfeirio at longddrylliad oddi ar arfordir Bohemia. Doedd gan Fohemia ddim arfordir! Yn ei ddrama *The Merchant of Venice* chwaraeir y brif ran gan Shylock, yr Iddew. Ond fe sgrifennwyd y ddrama ar adeg pryd na chaniateid i Iddewon ddod i Brydain. Gohiriwyd perfformio *King Lear*, rhwng 1788 a 1820 (yn ystod teyrnasiad Siôr y Trydydd) am fod y ddrama'n cyfeirio at frenin gwan ei feddwl, ac roedd Siôr y Trydydd yn wallgo'.

Fe briododd Wil ag Ann Hathaway yn 1582 ac yntau ond prin ddeunaw oed, ac mae yna dros 400 o ffilmiau sy'n gysylltiedig â'i ddramâu wedi cael eu cynhyrchu dros y blynyddoedd. Byddai, fe fyddai William yn filiwnydd sawl gwaith drosodd heddiw.

A dyma i chi gyd-ddigwyddiad. Fe aned William Shakespeare ar 23 Ebrill, 1564, bu farw ar yr un dyddiad yn 1616. Barn Tolstoy amdano oedd *'Crude, immoral, vulgar and senseless'*. Wil druan. Rhaid i mi gyfadde' i mi ddod yn fwy o fêts efo fo ymhen blynyddoedd ar ôl i mi droi cefn ar y Cownti Sgŵl. Ddeudodd Ma Bings mo'r hanesion diddorol yma am William wrtha' i chwaith.

Cyn cael mynediad i'r Cownti Sgŵl rhaid oedd pasio'r Sgolarship. Rwy'n cofio mynd ar y bws i Gaernarfon efo criw o 'blant mawr' Ysgol Bethel y bore arbennig hwnnw. Treulio diwrnod yn yr Ysgol Fawr. Tri arholiad – Sỳms, Saesneg a Chymraeg. Cael rhif i'w roddi ar bob papur yn hytrach na rhoi ein henwau. Cofio cael rhif 13. O diar, rhif anlwcus? Wel, na. Pan ddaeth canlyniadau'r Sgolarship, roeddwn i wedi llwyddo, ac roeddwn i'n drydydd ar ddeg ar y rhestr i gael mynediad i'r Cownti Sgŵl ym mis Medi 1939.

Chlywais i neb yn cyfeirio at yr ysgol fel 'Ysgol Syr Hugh Owen' tra bûm i yno. Er yr holl Saesneg, mi ges innau, fel Dafydd Iwan, 'ambell i lesyn yn Welsh, chwarae teg' gan rai fel Hugh Griffith a W R Jones, a Chymraeg, diolch byth, oedd yr iaith tu allan i furiau'r dosbarth. Llawenydd oedd clywed y prifathro, Mr J Ifor Davies, yn cyhoeddi yn y gwasanaeth ambell fore, y byddai'r Bangor Trio yn ein diddanu yn ystod y prynhawn. Na, freintiwyd mohona i erioed ag unrhyw ddawn gerddorol, a doeddwn i ddim yn gwerthfawrogi talentau'r triawd llinynnol o Fangor chwaith, ond roedd o'n gyfle i osgoi prynhawn o wersi.

Digon cymysglyd ydi fy atgofion am y cyfnod yn y Cownti Sgŵl, ac yn sicr fe amharodd yr Ail Ryfel Byd ar nifer o weithgareddau allanol a oedd yn gysylltiedig â'r ysgol. Ond mi lwyddais i gael Tystysgrif CWB (Central Welsh Board) mewn pum pwnc, gan gynnwys (er mawr syndod i Mrs Bingley) Saesneg.

Ond yr atgofion mwya' pleserus sydd gen i o'r hen ysgol ydi'r gemau pêl-droed. Cael gemau ar gae efo pyst gôl go iawn yn hytrach na chotiau, a theithio i lefydd fel Botwnnog, Pwllheli, Pen-y-groes ac, wrth gwrs, wynebu'r hen elynion, Ysgol Friars, Bangor. Cemlyn Williams, yr athro ymarfer corff, oedd ein hyfforddwr, ac unwaith y flwyddyn fe fyddem yn herio tîm Prifysgol Bangor, a byddai holl blant yr ysgol yn cael dod allan i'n cefnogi. Yn y gêm arbennig hon byddai Cemlyn yn chwarae fel canolwr i ni. Wrth gwrs, bu Cemlyn yn chwarae i Gaernarfon am sawl tymor, a chafodd ei gapio sawl gwaith yn ogystal â bod yn gapten tîm amatur Cymru.

Mae'n ddiddorol edrych ar hen luniau o dîm yr ysgol am y blynyddoedd 1945 a 1946. Byddaf yn gweld rhai o'r hen wynebau yn weddol aml ar strydoedd Caernarfon – Bryan Jones (Cyrli); Merfyn Hugheston Roberts; Ellis R Jones (bu Ellis yn dysgu fy mab Euron yn Ysgol Bethel); Ffred Williams, neu Ffred Erwbian i ni, hogia' Bethel. Roedd Ffred a minnau'n dipyn o fêts ac roedd yntau, fel finnau, yn un eitha' direidus. Bu Ffred yn gweithio gyda Wrexham Lager am flynyddoedd. Does ryfedd fod golwg mor dda arno.

John Ed oedd un o gefnwyr y tîm, sef John Edward Williams y

clywir ei lais yn aml ar y radio, yn trafod helyntion y Dwyrain Canol. Un o hogiau'r Felinheli ydi John ac mae o'n aelod ffyddlon o Orsedd y Beirdd hefyd ond nid am chwarae ffwtbol y cafodd o'r Wisg Wen. Roedd fy nghyfaill y diweddar Huw Jones, Llanwnda, cyn-brifathro ysgolion Bodfeurig a Thal-y-sarn, yn chwarae'n achlysurol i'r tîm hefyd. Ar ôl ymddeol, bu Huw a minnau'n ceisio cadw'n heini drwy fynd i nofio gyda'n gilydd. Ys gwn i ble mae rhai o'r lleill – Len Edwards, Jimmy Roderick, Wil Prydderch a Tom Roberts?

Un gêm ffwtbol a gollwyd gennym yn ystod y ddwy flynedd. Colli 1-0 yn erbyn yr ysgol leiaf o ran rhif ei disgyblion yn y dalgylch, sef Brynrefail. Chysgais i'r un winc y noson honno, gan mai arna' i roedd y bai am y gôl. Na, fedr golwr ddim fforddio gwneud camgymeriad.

Yn ystod fy mlwyddyn ola' yn yr ysgol, roeddwn i wedi dechrau chwarae i ail dîm Caernarfon. Ambell Sadwrn, byddwn yn chwarae i dîm yr ysgol yn y bore ac yna i dîm y Cofis yn y pnawn, ar ôl cael tamaid o ginio efo Cemlyn yn ei gartref, Y Garreg Lwyd.

Fy mwriad ar ôl ymadael â'r Cownti oedd ceisio cael mynediad i'r Coleg Normal ym Mangor ond, yn anffodus i mi, roedd Brenin Prydain Fawr yn mynnu cael fy ngwasanaeth am ddwy flynedd. Ugain mlynedd yn ddiweddarach y cyrhaeddais i'r Coleg Normal.

HOGYN BACH O FETHEL

Hogyn bach o Fethel ydw i, ac un o Fethel fydda' i am weddill fy oes. Er fy mod i'n trigo ym Mhenisa'r-waun ers cryn ugain mlynedd bellach, ym Methel rydw i'n byw.

Mae Bethel wedi bod erioed yn bentre' bywiog, gweithgar a chroesawgar, o'r dydd y daeth Rhys J Huws yma yn weinidog ar gapel yr Annibynwyr yn 1896, hyd y dydd hwn.

Yma ym Methel y sefydlodd Rhys J Huws Eisteddfod y Plant, ac meddai W J Gruffydd yn ei *Hen Atgofion* am yr eisteddfod: '. . . cynrychiolir hi heddiw gan Eisteddfod yr Urdd, a da gennyf feddwl mai yn fy hen ardal i yr heuwyd yr hedyn sydd erbyn heddiw wedi tyfu yn bren mor gadarn.' Ond chlywais i'r un gair am W J Gruffydd na Rhys J Huws yn ystod fy mlynyddoedd cynnar yn Ysgol Bethel.

Saif pentre' Bethel yng nghwr isa' plwyf Llanddeiniolen ac yng nghantref Is-Gwyrfai. Mae'r plwyf yn un o'r plwyfi gwledig mwya' yng Nghymru, yn saith milltir o hyd a rhyw bedair milltir o led, ac yn 9,024 o erwau. Rhennid rhan isa'r plwy' yn ddau 'Rhos'. Gelwid y pen gorllewinol yn Rhos Chwilog, a'r gogledd-ddwyreiniol yn Rhos Wylfa. Gelwid yr ardal yn Penrhoschwilog yn yr hen ddyddiau, ond newidiwyd yr enw i 'Bethel' ar agoriad Capel yr Annibynwyr yn 1810. Ychydig o hanes boreol yr ardal sydd ar gael, a dychymyg yn unig a all ein cludo ar grwydr. Ofer fyddai ceisio pentref yma tua 250 o flynyddoedd yn ôl. Yn naturiol, roedd gwedd y gymdogaeth yn bur wahanol i'r hyn ydyw heddiw.

Roedd y 'briffordd' o gaer Rufeinig Segontium yn arwain ar hyd Lôn Glai heibio i Glanrafon, ac i lawr am Ryd-y-Fuwch, hyd Lôn Cae Meta tuag at Ben Caerau. Fel y cyfeiriwyd, hen enw ar yr ardal oedd Penrhoschwilog, ac fe geir yr enw 'rhos' ar amryw o'r tai hyd heddiw yn ogystal â'r hen dyddynnod. Hefyd, mae'r 'rhos' ar amryw o'r stadau newydd. Ar y ffin rhwng plwyf Llanddeiniolen a Llanfair-is-gaer, fe geir y rhan o'r ardal a adwaenir fel Penrhos, ac ym mhen ucha'r ardal, yn Seion, fe geid lle o'r enw Penisa'r-rhos, ac yng nghanol y pentre' ceir llefydd fel Blaen Rhos, Ty'n Rhos, Cefn Rhos, Rhos a Rhos Alun.

Enw fy nghartre' i oedd Bryn Alun, ac yno y treuliais i ddeugain mlynedd cynta' fy oes. Tŷ cyffredin: cegin, parlwr, tair ystafell wely. Y tŷ bach hollbwysig ym mhen draw'r ardd. Roedd yna gwt mochyn yno hefyd, er na welais i erioed fy rhieni yn magu mochyn. Lampau olew oedd yn goleuo'r tŷ a thân glo yn ei gynhesu, ac roedd yna bwmp dŵr ar gornel y stryd, neu'r dewis o fynd i un o ddwy ffynnon i gyrchu dŵr. Dyna'r cof cynta' sydd gen i o Bryn Alun, ond yn fuan iawn fe gafwyd trydan a dŵr i'r tŷ, ac fe adeiladwyd sied, a daeth oes tŷ bach pen draw'r ardd i ben pan gafwyd toiled modern yn un gornel o'r sied.

Mi gefais i blentyndod hapus iawn. Cardod o gyflog oedd Nhad yn ei gael yn y chwarel, ond roedd Mam yn wraig tŷ ddarbodus iawn, ac yn un arbennig o dda am wneud pryd o fwyd maethlon. Roedd yna gymdeithas glòs yn stryd ni – aelwydydd croesawgar, a phawb yn barod ei gymwynas. Hen ferch, Miss Griffith, oedd yn byw drws nesa' i ni – Jane Elizabeth Griffith i roddi iddi ei henw llawn – ond 'Nana' oedd hi i mi. Yn ôl pob sôn, mi gefais fanana ganddi un tro, a Nana fuodd hi i mi wedyn.

Roedd hyd yn oed cathod y stryd yn cael croeso i dai ei gilydd, ac yn enwedig i dŷ Nana. Gelwid y cathod wrth eu cyfenwau, hyd yn oed. Mwt Griffith oedd cath ni, a Twlan Hughes oedd cath John Hughes (John Seu) ond, am ryw reswm, doedd cath Megan Rowlands ddim yn cael yr un parch – Cath Megan oedd honno.

Ar aelwyd Nana, roedd yna dair powlen i'r tair cath. Dw i'n cofio un prynhawn, a Nana yn yr ardd yn hel gwsberis, pan ddaeth y fan bysgod heibio. Aeth Nana i brynu 'sgodyn neu ddau, a mynd â nhw a'u gosod ar blât ar y bwrdd, cyn mynd yn ei hôl i hel mwy o gwsberis. Daeth Mwt Griffith, Twlan Hughes a Cath Megan ar eu rhawd, ac fe'u denwyd gan ogleuon pysgod ffres i fynd i mewn i'r gegin, a helpu eu hunain i'r wledd o bysgod. A phan ddaeth Nana i'r tŷ, dyna lle roedd y tair cath yn llyfu eu wisgars ar fat y gegin. Dw i'n cofio'r bregeth. Nana yn cyfarch y tair, fel tae nhw'n dri o blant drygionus, gan bwyntio bys at y tair yn eu tro: 'Dw i'n synnu atoch chi, Mwt Griffith, a chitha Twlan Hughes, a chitha hefyd, Cath Megan. Mae yna groeso mawr i chi yma. Dw i'n gofalu bod yna rywbeth ym mhowlan y tair ohonoch chi bob dydd, ond bobol bach, dw i wedi cael fy mrifo, ac wedi synnu atoch chi yn bwyta fy swper i tra oeddwn i yn yr ardd yn hel gwsberis.' Pregeth a cherydd i gyfeiliant grwndi'r tair cath euog. Ond fe gafodd y tair faddeuant ganddi. Un felna oedd Nana, byth yn dal dig.

Mi ges i fy magu yn y dyddiau hynny pan oedd mynychu'r capel ar y Sul yn orfodol. Yn wir, diflastod llwyr oedd cyfran helaeth o'r pregethau hirwyntog a glywais yn y cyfnod hwnnw. Dw i'n cofio'n iawn fel y byddwn i'n torri ar ddiflastod y bregeth trwy chwilio am eiriau a oedd yn odli â'i gilydd yn y llyfr emynau. Hefyd, mi fyddwn i'n chwarae gêm rhwng Ann Griffiths a Williams Pantycelyn trwy agor tudalen o'r llyfr emynau ar siawns, i edrych p'run o'r ddau oedd yn hawlio'r mwyaf o emynau ar y dudalen. Ia, gêm sgorio rhwng y Danbaid Fendigaid Ann a'r Hen Bant, hyd nes y clywn y geiriau, 'Er mwyn ei enw, Amen' fel chwiban ola' i'r gêm. Do, mi ddysgais i lawer am emynau tra byddai'r saint yn cael eu harwain i borfeydd gwelltog yr Efengyl.

Cofiwch chi, roedd gen innau yn y dyddiau cynnar hynny fy ffefrynnau o bregethwyr, ac mi fyddai'r gêm rhwng Ann a'r Hen Bant yn cael ei chanslo ar y Suliau hynny. Roedd Tegla yn ffefryn gen i – onid y fo oedd awdur *Hunangofiant Tomi* a *Nedw*, ac roedd o wedi anfon Rhys Llwyd i'r lleuad mor gynnar â 1925. Na, doedd Ann a Williams ddim yn bod pan fyddai Tegla'n pregethu ym Methel. Roedd o'n gwybod sut i ennill clust plentyn.

Fe fyddai Meuryn yn llenwi pulpud Bethel yn achlysurol hefyd, yn fwrlwm o gynghanedd. Dw i'n cofio ambell wers ramadegol a ddysgais o wrando ar Meuryn yn pregethu. Roedd o'n danbaid.

'Meddyliwch,' meddai, 'am rai yn sgrifennu "dychwelyd yn ôl". Bobol bach, ystyr "dychwelyd" ydi "dod yn ôl". Does dim angen "yn ôl" ar ôl "dychwelyd".' Dw i'n dal i gofio'r wers. Fe synnech faint o gyfansoddiadau eisteddfodau fydda' i'n eu darllen mewn blwyddyn â'r geiriau 'dychwelyd yn ôl' i'w canfod ynddyn nhw.

Ydi, mae dyddiau plentyndod yn mynnu dod i'r cof yn bur aml. Cofio mynd ar daith anturus unwaith o Fethel i Gaernarfon. Anturus? Oedd, o wneud y daith ar *roller skates!* Roedd hyn cyn dyddiau reidio beic. Ar ôl pasio'r Sgolarship i fynd i'r Cownti y byddai plant Bethel yn cael gwobr o feic.

Roedd Afon Tyddyn Bach yn ddigon o Amazon i fedru nofio ynddi yn y Tridegau. I gwt Ffred Crydd yr aem i brynu sigaréts ac i fwrw'n prentisiaeth fel smocwyr ar y slei. Dw i'n cofio cyfnod hefyd o fynd i gwt rêl Bryn Pistyll (cwt lein trên y chwarel) lle byddai Robert Ifans – Bob If – yn rhannu dail te i ni wneud sigaréts *roll your own.* O, do, mi fûm i'n sâl fel ci sawl tro. Ac o sôn am y trên i'r chwarel, fe fydden ni weithiau yn gorwedd ar ein boliau ar Bont Siarli a cheisio gollwng torchan lawr corn y trên pan fyddai honno'n pwffian o dan y bont. Tasg anodd – mwy anodd o lawer na gosod sach wlyb ar gorn simdde Cefn Bach, a chnocio drysau'r fro!

Cefn Bach oedd cartre' John. Tipyn o gymeriad, nid oherwydd ei ffraethineb ond oherwydd ei ddiniweidrwydd. Cofiaf John yn sylcio'n bwt pan oedden ni'n chwarae c'nebrwng unwaith gan ddatgan, 'Dw i ddim yn chwara os na cha' i fod yn hers.'

Mi dreuliais i oriau efo John Hughes (John Seu) o flaen Fron Helyg. Doedd tai y Rhos ddim yno pryd hynny – dim ond cors. Roedd John, er ei fod o dan anfantais corfforol, yn mwynhau pêl-droed ac oherwydd ei anabledd yn cadw gôl. Roedd y pyst gôl cotiau un prynhawn union gyferbyn â ffenest Fron Helyg (cartre' Megan Rowlands a'i rhieni). 'Gamp i ti ddal hon,' meddwn i wrth John, gan roi andros o gic mul i'r bêl ledr. Welodd John druan mohoni, ond fe glywodd y glec ac fe laniodd y bêl ar y dresal ym mharlwr Fron Helyg. Daeth Mary Rowlands allan yn wyllt gan ddatgan yn glir, 'Wel, dyna chi wedi'i gneud hi rŵan – wn i ddim be ddeudith Huw pan ddaw o adra.' Fuo John Seu a finna ddim yn dangos ein doniau cicio pêl ar Gors Rhos byth wedyn.

Gors Tyddyn Bach oedd ein Goodison Park a'n Maine Road ni yn y dyddiau hynny. Everton a Manchester City oedd y prif dimau. Timau cyffredin iawn, heb fawr o sôn amdanyn nhw, oedd Lerpwl a Manchester United. Onid oedd Dixie Dean a Tommy Jones ar lyfrau Everton, a'r cawr Frank Swift yn llenwi'r gôl ym Maine Road? (Collodd Swift ei fywyd ar yr awyren yn nhrychineb Munich gyda rhai o dîm Man Utd.) Ond doedd perchennog Tyddyn Bach (Joni 'Refail, gof y pentre') ddim yn hapus iawn ein bod ni'n cynnal sawl 'Cup Final' ar glwtyn o'i gors, a dyna pryd y symudwyd Parc Goodison, Maine Road a Wembley i Barc y Wern.

Roedd Parc y Wern ryw gic gôl go lew o'm cartre', Bryn Alun, ac er i mi fod yn Stanley Matthews yn nhîm yr ysgol fach, buan iawn y ces i fwy o bleser o ddeifio yn y mwd ac arbed goliau, yn hytrach na methu eu sgorio. O do, ym more fy mreuddwydion mi fûm i'n arwr o Swift ar dir Parc y Wern ac yno, yn sicr, y gwnes i fwrw fy mhrentisiaeth fel golwr.

Ar dir Parc y Wern y codwyd Neuadd Goffa'r pentre' hefyd, ac yn eisteddfod y pentre' y cefais i flas ar gystadlu, yn enwedig felly yn yr adran lenyddol. Mae'n wir i mi fod yn adroddwr bach addawol, yn ôl fy mam, i fyny i tua 12-15 oed, ond yn fy arddegau cynnar roeddwn i'n dueddol o anghofio fy ngeiriau, ac mi gollais bob hyder.

Yn un o eisteddfodau'r pentre' y cefais i fy ngwobr gynta' erioed am gyfansoddi darn adrodd i blant. Y testun oedd 'cyfansoddi darn adrodd i blant dan wyth oed' a'r beirniad oedd y Prifardd Gwilym R Tilsley. Doeddwn i erioed wedi cyfansoddi darn adrodd, a thrwy ryfedd wyrth, mi anfonais i dri darn i'r gystadleuaeth. Roedd wedi achosi cryn broblem i'r Prifardd. Roedd o'n methu â phenderfynu p'run o'r tri oedd yn haeddu'r wobr. Wrth ryw lwc, roedd ei fab, Gareth, yn wyth oed, ac fe ofynnodd ei dad iddo fo ddewis yr un a hoffai orau. Felly, gan Gareth Tilsley, bachgen wyth oed, y cefais i'r wobr gynta' erioed am gyfansoddi darn adrodd i blant, sef 'Bai ar

Gam'. Mi ddiolchais sawl tro i Tilsli am i'w fab gael y cyfle i feirniadu ganddo. Wnes i erioed ddychmygu y byddwn i, dros y blynyddoedd, yn cyfansoddi dros 400 o ddarnau adrodd, yn dilyn y wobr gynta' a gefais i yn Eisteddfod Bethel.

BAI AR GAM

Er nad yw Tomi fy mrawd bach
Ddim eto'n ddwyflwydd oed,
Am wneud drygioni, wel yn wir,
Ni bu ei fath erioed.

Pob papur newydd ddaw i'r tŷ
Fe'i tyr yn ddarnau mân,
Ac echdoe taflodd sbectol Nain
I ganol fflamau'r tân.

Fe dynnodd glustiau'r Tedi Bêr
A breichiau'r ddoli bren,
A neithiwr taflodd botel inc
Am ben yr hen gath wen.

Ar ôl pob drwg, 'nôl barn fy Mam,
Bydd Tomi yn ddi-fai;
Ac am ei holl ddrygioni ef,
Myfi sy'n cael y bai.

Rydw i wedi datgan sawl tro wrth feirniadu bod fy nyled i'n fawr i eisteddfodau bach cefn gwlad Cymru, a hefyd i'r plant y cefais i'r fraint o'u dysgu yn ysgolion Cadnant, Conwy; Pen-y-bryn, Bethesda; Dolbadarn, Llanberis, a Rhiwlas. Roedd gwylio a gwrando ar y plant yn rhoi syniadau i mi, a doedd yna neb cystal â'r plant chwaith am fod yn feirniaid gonest ynglŷn ag addasrwydd ambell ddarn. Do, diolch i'r plant, fe aeth yna ddwsinau o ddarnau i'r fasged hefyd.

Mae gen i le cynnes iawn yn fy nghalon at y darn tir Parc y

Wern. Dyma oedd y man cychwyn i ddau faes gwahanol. Dau faes a roddodd gymaint o bleser i mi: maes y bêl-droed, a maes yr eisteddfod. Does ryfedd i mi ddewis Parc y Wern yn ffugenw ym Mhrifwyl Dyffryn Conwy a'r Cyffiniau 1989.

PENTRE' O SIOPAU

'Pentre anysbrydoledig yw Bethel, a dim yn digwydd yno, mae'n siŵr, ond haul a glaw a gwynt.'

Na, nid fi sy'n meiddio gwneud y fath ddatganiad. Y diweddar Alun Llywelyn-Williams yn ei gyfrol *Crwydro Arfon* a fentrodd awgrymu hyn am bentre' genedigol W J Gruffydd. Roedd hyn dros hanner can mlynedd yn ôl. Ers hynny mae Bethel, fel amryw o bentrefi eraill, wedi dyblu os nad treblu yn ei faint.

Petaech chi'n byw ym Methel tua 1920-30 fe fyddech chi'n byw mewn pentre' bach gwledig gyda rhyw ugain o siopau neu fusnesau yno. Pentre' llawer iawn llai nag ydi o heddiw. Ond er y twf, dim ond dwy siop sydd ym Methel heddiw, ond mae yma bellach un dafarn ac un garej ac un neu ddau o fân fusnesau. Mae'r tri chapel yma o hyd, ond er y cynnydd ym mhoblogaeth y pentre', mae yna fwy o seddau gweigion nag o seddau llawn ynddyn nhw.

Ugain o siopau? Ym Methel? Does bosib. Dowch, mi af â chi am dro o gwmpas yr hen bentre' . . .

Bryn Chwilog. Gweithdy crydd Fred Williams. Fred Crydd fyddai'n gwerthu Wdbeins i ni fesul un yn nyddiau cynnar y salwch smocio.

Pen y Buarth. David Roberts. Roedd o'n gwerthu glo, a Dic, yr hen geffyl, yn tynnu'r cerbyd. Byddai Dic hefyd yn dal swydd o barch ar ddiwrnod angladd. Fo fyddai rhwng llorpiau'r hers, cyn dyddiau'r hers fodur.

Ty'n Lôn. Mary Williams, mam Cledwyn Williams, cyn-brifathro Ysgol Llanrug. Roedd hi'n gwerthu paraffin.

Bron Meillion. Morris Williams, saer coed, fyddai'n gwneud eirch. Rwy'n cofio llofruddiaeth yn y tŷ hwn. Wrth ymyl Bryn Meillion

32

roedd Efail y Gof. Joni 'Refail fel yr adwaenid o, oedd y gofaint. Dyn gwyllt ei dymer, yn enwedig pan fydden ninnau'n mynnu troi Gors Tyddyn Bach yn Wembley. Ond eto, dyn ffeind hefyd ac yn barod iawn i drwsio ein cylchyn haearn yn rhad ac am ddim. Lle da i g'nhesu yn ystod dyddiau oer y gaeaf fyddai'r Efail.

Bro Dirion. Siop yn gwerthu blawd a phob math o nwyddau.

Treflyn. Siop Bob Parry.

Parc y Wern. Fe fu yna siop crydd yma ar un adeg.

Brysiwn i bentre' Saron. Dyma galon y pentre' yn yr hen ddyddiau. Roedd yna tua deuddeg siop yma ar un adeg.

Siop William Humphreys (Tŷ Rhos). Gwerthu pob math o nwyddau, tatws a llysiau. Roedd yna garej yma i gadw un bws a redai i Gaernarfon am wyth geiniog (return). Roedd yna bwmp petrol o flaen y garej, ac fe gaech dacsi os dymunech.

Siop David Humphreys oedd y llall. Fe werthid yma bob math o fwydydd anifeiliaid.

Siop Dic Barbar. Mi ges i sawl *short back and sides* yn y cwt barbar. Doedd yna ddim peiriannau trydan yr adeg honno. Pedair ceiniog am dorri gwallt merched, tair ceiniog i ddynion a dwy geiniog am shêf. Rwy'n talu'n agos at bumpunt am dorri'r tipyn gwallt yma heddiw, ac mae gen i lai ohono fo hefyd. Yng nghefn Siop Dic Barbar roedd Siop Tomi Alun. Roedd hon yn siop bwysig ac yn siop enwog iawn oherwydd ei bod yn gwerthu *Allens Cough Mixture*. Gwyddai Cymru gyfan am y ffisig arbennig hwn. Roedd yna rywbeth at bob anhwylder i'w gael yn Siop Tomi Alun. Roedd gweithdy crydd yma hefyd.

Siop James Davies, Gwynant. Siop yn gwerthu popeth bron. Roedd James Davies yn gigydd hefyd. Fe fyddai'n lladd defaid yn y lladd-dy yng nghefn yr ardd a sawl tro y clywson ni wich yr anifeiliaid. Roedd ganddo gi o'r enw Don, ac fel James Don y cyfeiriem ni'r plant ato.

Siop Drygist. Siop Edward Williams. Roedd yno bopeth at bob math o salwch. O'r fan yma y byddai Mam yn cael yr asiffeta ddiawl hwnnw i stwffio i lawr fy nghorn gwddw i. Roedd Edward Williams yn gwerthu dillad hefyd, a synnwn i ddim mai yma y cefais fy siwt gynta' erioed. Mae gen i gof byw arall am Edward Williams: ato fo y byddwn i'n mynd yn rheolaidd am gyfnod i gael gwersi piano. Dw i'n cofio ogla lledr y bag miwsig newydd sbon yn loetran yn fy ffroenau, a'r sgrôl o fiwsig fel penbyliaid yn hongian ar wifrau teligraff o'm blaen. Na, lwyddodd Edward Williams ddim i wneud pianydd ohona' i. Ond nid ei fai o oedd hynny.

Siop Linor May neu Siop Wil Huw ac, i'r genhedlaeth flaenorol, Siop Margiad Jones. Roedd pob math o dda-da i'w cael yma, baco main, licris bôl, jeli bebis a lyci bag. Roedd sgidiau a chlocsiau i'w cael yn y siop hon hefyd. Mae llawer o'm cyfoedion yn cofio fel y bu inni roi 'jumping Jack' yn y glorian yno un noson, ac fel y cawson ni 'chase' gan William Huw am ein gweithred, a galwad gan 'Fflash', y plismon pentre', cyn diwedd y dydd. Dros y ffordd roedd Mr a Mrs Harrison yn cadw **Siop Tsips**. Fe fu yna siop tsips wedyn gyferbyn â thai Corra Linn. Ydyn, mae pobol Bethel dros y blynyddoedd wedi bod yn hoff o ffish a tsips.

Ac, wrth gwrs, roedd yna **Swyddfa Bost** yma, ac mae'n dal yma. Ond am ba hyd, ys gwn i?

Dydw i ddim yn cofio'r becws a oedd ynghlwm â chartre' W J Gruffydd, sef Gorffwysfa, ond mi rydw i'n cofio **Siop Bach**, sef cartre'r diweddar Alfred Jones, un o'm cyfoedion a ymfudodd i Awstralia. Mi ges i'r fraint o ymweld â'i gartre' ar y ddau achlysur y bûm i ym mhen draw'r byd. Roedd tad Alfred, sef William Jones, yn arbenigwr ar drin beics a thrwsio pynjars.

Oedd, roedd yna ddigon o siopau ym Methel yn yr hen ddyddiau, cyn bod sôn am archfarchnadoedd. Mae'n rhyfeddod, dydi? Cymaint o siopau mewn pentre' mor fach. Pan fydd Huwcyn yn teimlo'n bryfoclyd, ac yn gwrthod i mi lithro i fro breuddwydion, mi fydda' i'n crwydro rownd yr hen bentre' ac yn dwyn i gof smocio Wdbeins yng Nghwt Ffred Crydd; prynu lyci bag yn Siop Linor

May; mynd o gwmpas y pentre' ar lori lo Dafydd Penbuarth; neu i Gaernarfon ar fws Wili Wmffras Tŷ Rhos. Yna llithro'n hapus am bedair awr o gwsg ar bulw fy atgofion.

Na, doedd Bethel ddim yn bentre' anysbrydoledig yn nyddiau fy mhlentyndod i. Roedd mwy na 'haul a glaw a gwynt' yn digwydd yno.

HOGYN DIREIDUS 'TA HOGYN DRWG?

Roedd yna blisman ym Methel ers talwm pan oeddwn i'n hogyn bach, a phan oeddwn i'n hogyn mawr hefyd. A wyddoch chi be'? Fe gafodd pob plisman a fu yn y pentre' achos i ddod draw i gwyno. Roeddwn i'n hogyn drwg, yn gythraul mewn croen – wel, yn gythraul direidus, o leia'. Ond eto, diolch i'r drefn, fûm i erioed mor ddrwg fel y bu'n rhaid fy nwyn o flaen fy ngwell.

Bydd rhai o hen drigolion Bethel (ac mae'r rheini'n prinhau, gwaetha'r modd) yn fy atgoffa i'n achlysurol am fy nrygioni bore oes. A sawl tro y bu Mam yn bygwth mai ar y llong plant drwg yna ar Afon Menai y byddwn i os na fihafiwn. Roedd acw wialen fedw y profais ei blas hi fwy nag unwaith ond rwy'n barod iawn i gyfadde' fod ei chwipiadau poenus wedi gwneud mwy o les nag o loes imi.

Oeddwn, roeddwn i'n ddrwgweithredwr ac yn lleidr. Bobol bach. Lleidr? Mi fûm i a'm cyfoedion bore oes yn dwyn giatiau'r fro yn flynyddol, yn unol â hen draddodiad Nos Calan. Mawr fyddai'r diawlio a'r chwilio drannoeth, a chyn diwedd dydd y cyfarchion, fe fyddai'r plisman lleol wedi bod acw'n gwneud ymholiadau ac yn crefu arna' i ddatgelu lle roedd giât Cefn Bach yn cuddio.

Mi fûm i a giang o ladron bach yn dwyn 'falau hefyd, nid am ein bod ni'n or-hoff o'r ffrwythau ond oherwydd bod yna ryw wefr i'w chael o sleifio i berllan Ty'n Rardd a llenwi'n pocedi â ffrwyth Gardd Eden. Ychydig o flas a gaem ar y 'falau, ond caem flas a hwyl arbennig wrth bledu ein gilydd â'r ysbail!

Y sialens fwya' yn y cyfnod dwyn 'falau oedd dringo dros wal uchel Persondy Llanddeiniolen. Nid yn unig dringo'r wal oedd yr her, ond ceisio llenwi'n pocedi cyn i gi bygythiol y parchedig ŵr ddod ar ein trywydd.

Dyddiau difyr, troseddol bore oes; a wyddoch chi be' – dydw i ddim, hyd heddiw, yn or-hoff o 'falau.

Ond roeddwn innau, fel sawl plentyn arall, yn cael pleser o gnocio drysau a rhedeg i ffwrdd, a chlymu drysau a oedd gyferbyn â'i gilydd yn Stryd Ganol. Hawdd oedd gwneud hynny yn yr hen ddyddiau – doedd yna'r un car ar gyfyl y lle.

Oedd, roedd dwyn 'falau, cnocio drysau a reidio beic heb olau arno yn droseddau difrifol yn nyddiau hapus fy mhlentyndod pell. Troseddau digon difrifol i achosi i'r plisman pentre' ddod i Fryn Alun yn bur reolaidd. Ond roeddwn i'n droseddwr bach eitha' slei. Roeddwn i'n dysgu'r grefft. Pan fydden ni'n mynd yn un giang ar berwyl cnocio drysau, mi fyddwn i'n rhoi coblyn o gnoc ar ddrws tŷ ni hefyd wrth basio. Pan ddôi Jôs Plisman ar ei hald drannoeth i gwyno am ein hymddygiad afreolus, byddai Mam, yn ei diniweidrwydd, yn fwy na pharod i achub cam ei Mab Afradlon, gan ymateb, 'Na, Mistar Jôs bach, doedd Selwyn ddim efo nhw neithiwr oherwydd mi fuo'r cnafon bach yn cnocio'r drws yma hefyd nes oedd y tŷ'n crynu.' Ia, gwyn y gwêl . . .

Cofiwch chi, mi fûm i'n euog o gyflawni drygioni llawer mwy difrifol na chocio drysau a dwyn 'falau. Cofio rhoi sach o wellt gwlyb ar gorn bwthyn Cefn Bach, a Bob Dan, Leusa a John yn driawd o beswch ar riniog y drws un noson oer, niwlog o Dachwedd. A noson y ffeiarworc, pan osodwyd 'jumping Jack' yn y glorian ar gowntar Siop Wil Huw, a honno'n dawnsio'n fygythiol-danllyd o gwmpas ei gloc cwcw o siop. Roedd llyfr bach Jôs Plisman allan y noson honno hefyd.

Heddiw, mae Bethel, fel sawl pentre' arall, wedi lledu ei orwelion ac wedi gordyfu, ac mae torcyfraith ar gynnydd. Ond bellach, does yna ddim plisman ym Methel na sawl pentre' arall. Efallai nad oes angen un, gan nad ydi plant heddiw, o bosib, yn cael blas ar ddwyn 'falau na gwefr o gnocio drysau.

· · ·

Do, fe ddaeth newid ac fe ddiflannodd y bywyd cymdeithasol clòs, a'r seiadau gyda'r nos ar aelwydydd y fro. Gallaf gofio'r dyddiau pan oedd dim ond tri pherson ym Methel yn berchennog car, a dim ond un gŵr gradd yn y pentre'. Mae cael cynffon o radd tu ôl i'ch enw yn gyffredin iawn heddiw.

Un Saesnes ydw i'n gofio'n byw yn y pentre' yn nyddiau cynnar fy mhlentyndod, ac fe gyfeirid ati fel 'Musus Jones Saesnes'. Hi oedd Mam Frank ac Alan Jones; Frank a ddaeth yn ddiweddarach yn brifathro Ysgol Dyffryn Ogwen, Bethesda. Roedd hefyd yn golwr o safon ac, ar un cyfnod, roedd y ddau ohonon ni ar lyfrau Caernarfon – Frank yn cadw gôl i'r tîm cynta' a finna' i'r ail dîm. Roedd ei frawd, Alan, yn chwarae fel canolwr i'r ail dîm hefyd.

Rydw i'n falch iawn o un peth a ddigwyddodd ar aelwyd fy nghartre', Bryn Alun. Yno y sefydlwyd y gangen gynta' o Blaid Cymru ym Methel. Hogyn bach yn chwarae efo Meccano oeddwn i, tra oedd Nhad a Mam a rhyw ddyrnaid o bobol Bethel yn trafod materion pwysig ynglŷn â dyfodol y Blaid. Ymysg y criw o Bleidwyr cynnar roedd Blodwen Parry, chwaer W J Gruffydd, ac un o ffrindiau penna' Mam; Emrys Jones, tad fy ffrind Arfon a'i frawd Geraint (Geraint y clywir ei lais yn darllen y newyddion ar Radio Cymru yn aml ar fore Sul, ac sy'n briod â'r gantores, Margaret Williams).

Fe ddôi pobol ddiarth i'r seiat yn achlysurol hefyd ac, yn ddiweddarach, mi ddois i sylwi pwy oedden nhw – yr Athro Jac Daniel, Ambrose Bebb, J E Jones, a'r Parchedig Ben Owen a ddôi yr holl ffordd o Lanberis ar gefn ei feic. Yn wir, fe alwai Ben Owen acw'n bur gyson; roedd o'n ffrind i ni fel teulu.

Byddai clo ar ddrws Bryn Alun pan gynhelid y cyfarfodydd hyn ar yr aelwyd. Roedd angen dyn dewr iawn i ddangos ei liw gwyrdd yn gyhoeddus yn y chwarel y dyddiau hynny. Ond roedd Nhad, fel Perisfab o Nant Peris, yn un o'r ychydig a wnâi hynny pan oedd y Blaid Bach yn destun gwawd i'r mwyafrif, a phryd y gallai mul, o wisgo rhuban coch Llafur, gael ei ethol i San Steffan.

Diolch i'r drefn, fûm i erioed yn benboethyn gwleidyddol, a phan etholwyd fi'n Glerc i Gyngor Cymuned Llanddeiniolen yn 1955 (yr hen Gyngor Plwyf) mi wnes i addewid na fyddwn i'n ymuno ag unrhyw blaid wleidyddol. Ond rwy'n ymfalchïo yn y ffaith mai ar fy aelwyd i y cychwynnodd mudiad Plaid Cymru ym Methel. Ac o barch i fy rhieni, dw i bob amser wedi rhoi fy nghroes yn y blwch y bydden nhw'n dymuno i mi wneud hynny.

Mi fûm i'n canfasio dros y Blaid unwaith, pan oedd y diweddar R E Jones (prifathro Ysgol Dolbadarn, Llanberis ar y pryd) yn ymladd yn erbyn Goronwy Roberts, yr Aelod Llafur. Canfasio ar gefn beic a rhannu pamffledi yn y pentrefi cyfagos fu dau neu dri ohonon ni, heb fawr o groeso. Rydw i'n cofio bod yn y cyfri' yng Nghaernarfon noson yr etholiad hwnnw. Fe ddaeth yna un bocs i mewn a'r pleidleisiau bron i gyd i RE, ac yntau yn ei ffordd gellweirus yn ymateb: 'Dew, roeddwn i'n dechra' poeni am funud, bois, 'mod i'n mynd i fewn.'

Mae un peth wedi newid er mawr golled. Etholiad drwy gyfrwng y teledu gawn ni bellach. Dim o'r brwdfrydedd hwnnw pryd y dôi ymgeiswyr pob plaid yn eu tro i'r ysgol leol i ddatgan eu haddewidion yn nyddiau'r heclo a'r holi brathog. Onid Oscar Wilde ddywedodd, 'Dydi cwestiynau byth yn wirion – mae atebion, weithiau.' Fo hefyd ddywedodd, 'Prin fod aelod o Dŷ'r Cyffredin sy'n haeddu cael ei baentio mewn olew ond mae yna amryw ohonyn nhw sydd angen eu gwyngalchu.'

Ond dyna fi wedi crwydro. Mae'n hen bryd i mi ddod yn ôl i Fethel.

SEDDAU CEFN

Ble roeddech chi pan saethwyd Kennedy? Dw i ddim yn cofio ble roeddwn i, ond mi wn i ble roeddwn i pan glywais fod sinema'r Majestic, Caernarfon, wedi llosgi'n lludw. Arferwn fod yn un o'r selogion yno yn fy nyddiau Cownti Sgŵl.

Symud o un sedd gefn i'r llall yn ddychmyglon-atgofus roeddwn i pan glywais ar y radio fod y Majestic wedi llosgi. Wel dyna gyddigwyddiad, meddwn.

Gadewch i mi egluro. Roeddwn i wedi cael gwahoddiad i lunio sgript radio ar gyfer y rhaglen 'Sglein' a ddarlledid ar nos Sul. Y drefn gyda'r rhaglen honno oedd fod y cynhyrchydd, R Alun Evans, yn gosod testun i ni lunio sgript arno – sgript a gymerai tua chwe munud i'w ddarlledu. Coeliwch fi, mae angen cryn dipyn o eiriau i lenwi chwe munud, ac mae'n dipyn o sialens weithiau os nad yw'r testun yn cynnig fawr o weledigaeth pan grybwyllir o gynta' dros y ffôn. Ond mae'n syndod, o eistedd i lawr a myfyrio, fel y medwch chi lwyddo i gwblhau'r gwaith cyn y dedlein.

Ond beth oedd a wnelo hyn â'r tân yn y Majestic, meddech. Y sedd gefn 'ma? Wel, anaml iawn y galla' i sgrifennu unrhyw beth heb fod yna rywfaint o atgofion neu brofiadau personol yn mynnu ymwthio i'r gwaith, boed yn bryddest ar gyfer y Genedlaethol neu'n erthygl ar gyfer *Eco'r Wyddfa*. Yn wir, mi ddwedwn i fod y mwyafrif o'm darnau adrodd ar gyfer plant yn esgor o brofiadau personol ac o weithio yng nghwmni plant. A dwyn yn ôl atgofion i mi wnaeth y sialens o lunio sgript radio ar y testun 'Y Sedd Gefn'.

Roeddwn i wedi mynd yn ôl dros ysgwydd y blynyddoedd i'r sedd gefn gynta' i mi ei chofio, sef y sedd gefn honno yn Ysgol Bethel ers talwm. Sedd i'w hofni ac i'w chasáu oedd honno. Sedd a wnâi i mi gywilyddio o gael fy anfon iddi yn nyddiau cynnar plentyndod. Os na fyddai ein gwaith ni'n ddigon da, a'r 'sgwennu traed brain' yn cythruddo Jôs Sgŵl, neu os byddem yn afreolus neu ddiog, y gosb fyddai treulio rhan o'r diwrnod yn y sedd gefn, sef y ddesg wag honno yng nghornel bella'r ystafell ddosbarth. Ia, sedd gwaradwydd.

Ond pan euthum i Ysgol Ramadeg Syr Hugh Owen, Caernarfon, roedd pethau'n wahanol. Sleifio o wirfodd i'r sedd gefn wnawn i yno, a hynny o ddiffyg hyder. Yno, roedd y gwersi i gyd drwy gyfrwng y Saesneg a doedd gen i mo'r hyder i ofyn nac i ateb cwestiynau yn yr iaith fain. Waeth gen i gyfadde' ddim, fûm i erioed yn teimlo'n gartrefol wrth ddweud gair o brofiad neu ddatgan barn yn Saesneg. Rydw i'n un o'r rhai hynny sy'n meddwl yn Gymraeg ac yna'n cyfieithu'n herciog i'r Saesneg. A dydi o flewyn o ots gen i bellach nad yw'r iaith fain erioed wedi llifo'n llyfn dros fy ngwefusau i.

Ia, cuddfan i mi oedd y sedd gefn yn Ysgol Syr Hugh Owen ac mi sleifiwn yno o'm gwirfodd oherwydd fy niffyg hyder ac, o bosib, swildod.

Ond swildod neu beidio, yng nghyfnod yr Ysgol Ramadeg y syrthiais dros fy mhen a'm clustiau mewn cariad am y tro cynta'.

Y Guild Hall, yr Empire a'r Majestic – dyna'r mannau delfrydol a ddenai gariadon ifanc swil y dyddiau hynny, a rhaid oedd ciwio'n gynnar os am sicrhau cysur y sedd gefn. Seddau cefn y Majestic oedd y rhai mwya' cyfleus: roedd rheini'n seddau dwbwl, ac yn werth pob dimai o'r swllt a naw.

Ac yno, yn sedd gefn y Majestic yr oeddwn i, a'r ffilmiau'n chwarae mig ar fideo'r cof pan glywais fod y lle wedi llosgi'n llwyr. Cyd-ddigwyddiad? Tybed? Mi wn i hyn, fe lifodd gwefr o dristwch drwy fêr fy esgyrn i o glywed y newydd. Roedd yna dalp arall o'r hen dre' wedi diflannu yn fflamau'r tân.

Yno y gwelais i'r benfelen, fronnog, goesiog honno am y tro cynta'. Betty oedd ei henw hi, Betty Grable. Rwy'n ei gweld hi rŵan yn torheulo dan goed palmwydd ar draethell aur rhyw ynys bellennig ac yn rhoi winc arna' i o'r sgrîn.

Roedd yna rhyw Clarke Gable golygus hefyd, â'i esgus o fwtash lein pensal yn dod i'r Majestic ambell dro, a fedrwn i ddim peidio â theimlo'n genfigennus o hwn ar brydiau. Mi driais innau dyfu mwstash yr adeg honno. Ys gwn i pam?

Ond, twt lol, 'actio' caru roedd Betty Grable, Clarke Gable, Errol Flynn a Dorothy Lamour. Roedden ni'n caru o ddifri' ym mlynyddoedd aur ein harddegau yn sedd gefn y Majestic.

OES GEN TI LEISANS?

'Oes gen ti leisans i reidio'r beic yna felna?' Dyna'r geiriau a fyddai'n taro ar fy nghlustiau i'n aml pan fyddwn i'n gwibio fel cath i gythraul o gwmpas heolydd Bethel ar fy Hercules ers talwm.

Oedolion cyfrifol y pentre' fyddai'n tanio'r cwestiwn aton ni, a hynny gyda rhyw oslef geryddol yn eu lleisiau nhw. A rhaid i mi gyfadde', mi gyflawnais innau, fel sawl un arall o'm cyfoedion, gampau digon rhyfygus ar gefn yr Hercules.

Geiriau o gerydd fyddai'r cwestiwn. Geiriau i geisio'n darbwyllo ni, hogiau anturus a gwyllt y cyfnod, i fod yn fwy cyfrifol ac yn fwy gofalus wrth farchogaeth ein ceffylau haearn, a hynny er ein lles ein hunain ac, yn bennaf, er lles pawb arall a dramwyai hyd ffyrdd culion y fro.

O edrych yn ôl dros y cyfnod gwyllt hwnnw, rydw i'n berffaith sicr petae yna ffasiwn beth â thrwydded i reidio beic, y byddwn i wedi colli fy leisans. Ia, 'leisans' fyddai'r gair yr adeg honno – leisans car, leisans ci a leisans weiarles, ac ambell un, o bosib, yn codi leisans gwialen a gwn. Gair diarth oedd 'trwydded'.

Ond sôn am reidio beic roeddwn i, yntê. Fe fyddai Mam yn f'atgoffa i'n feunyddiol bron, 'Cofia, does gen ti ddim leisans i reidio'r beic yna y tu allan i'r pentra 'ma. Os gwêl y plisman di, mi gei di ffein, ac mi golli di dy feic.'

Wrth gwrs, gofal Mam am ei phlentyn oedd y tu ôl i'r bygythiad – ofn i mi ryfygu 'mywyd drwy fentro y tu allan i ffiniau'r pentre' a chael damwain ar y gelltydd. Ond mentro fyddwn i, colli leisans, colli beic neu beidio! Reidio i lawr i Gaernarfon ac i draeth Dinas Dinlle yn yr haf. I fyny tua Deiniolen, Rhiwlas a Llanberis gan herio'r gelltydd a thorri rheolau'r ffordd fawr. Do, mi ges i lot o hwyl ar gefn yr Hercules:

stampidio fel Jesse James
ar feic o geffyl cowboi
dros lwybrau llychlyd
Arizona'r fro.

A synnwn i ddim na lwyddais i ennill mwy nag un Grand National ar ei gefn o hefyd. Oeddwn, roeddwn i'n lwcus nad oedd raid cael leisans i reidio beic yr adeg honno.

. . .

Fûm i erioed yn berchen ar drwydded i bysgota na thrwydded i saethu. A bod yn onest, fedrwn i ddim anelu gwn at unrhyw anifail, ac mi fyddwn i'n diodde'r boen o orfod tynnu'r bachyn o geg pysgodyn hefyd.

Yr unig fath o bysgota wnes i erioed oedd dal sili-dons efo fy nwylo yn Afon Tyddyn Bach ers talwm a mynd â nhw adre' mewn pot jam.

Ond, arhoswch funud, mi ddaliais eog unwaith – wel, efo help criw o'r hogia', yntê. Nofio roedden ni un pnawn yn llyn Glanrafon pan sylwodd un o'r hogia' fod clamp o eog yn llechu dan y dorlan. Roedd o'n annaturiol o lonydd, fel petae o wedi'i fesmereiddio gan griw o hogia' anystywallt a feiddiodd gynhyrfu dyfroedd ei gartre'. Drwy ryfedd wyrth (a chosi o dan ei fol o) fe lwyddon ni i godi'r creadur llithrig a'i daflu o'r dŵr i'r dorlan. Anghofia' i byth y profiad. Ei wylio yng nghanol y cyffro yn gwingo i'w angau.

Ond rŵan, roedd ganddon ni broblem: beth i'w wneud â'r morfil? Wel, fe'i cariwyd yn barchus i dŷ potsiar y pentre', ac fe drefnodd hwnnw i'w werthu o i un o westai Caernarfon. Cyn diwedd yr wythnos roedden ni'r pysgotwyr di-rwyd, dienwair a didrwydded yn fechgyn ariannog. Cafodd pob un ohonon ni hanner coron, ac mi alla' i fynd ar fy llw nad stori tafod-yn-y-boch o waelod y fasged 'sgota ydi honna. Na, mae hi'n wir bob gair.

Ond mae yna un drwydded, hyd y gwela' i, sy'n caniatáu i chi ddweud ambell gelwydd – celwyddau diniwed, cofiwch. Cyfeirio rydw i at y 'drwydded farddol', y *poetic licence*. Pwy ddywedodd, deudwch, *'The poet is a liar who always speaks the truth'*?

Rhad i mi gyfadde' i mi wneud cryn ddefnydd o'r drwydded hon, hyd yn oed wrth gyfansoddi darnau adrodd bach syml i blant. Fel y soniais eisoes, y darn adrodd cynta' erioed i mi ei gyfansoddi, oedd 'Bai ar Gam', a'r llinell agoriadol ydi 'Er nad yw Tomi fy mrawd bach'. Mae'n wir i mi gael sawl bai ar gam ond, yn anffodus, fu gen i erioed frawd bach na mawr, na chwaer o ran hynny. Yn naturiol ddigon, mi glywais sôn sawl tro am fy nwy nain. Mi welais luniau ohonyn nhw, a doedd yna'r un o'r ddwy yn gwisgo sbectol, felly tasg gwbwl amhosib fyddai i mi, ac i'm brawd bach dychmygol, 'daflu sbectol Nain i ganol fflamau'r tân'.

Ia, *poetic licence*. Hwnna ydio.

Ond mae gen i un drwydded 'swyddogol', sef trwydded i yrru car. A minnau bellach ar drothwy fy mhedwar ugain oed, tybed a fydd rhaid imi gael prawf gyrru arall i berswadio'r awdurdodau fy mod i'n ddigon cyfrifol i yrru car yn fy henaint. Beth petawn i'n methu'r prawf? Twt, pa iws poeni. Rydw i'n dal i fedru reidio beic, a siawns gen i na fedrwn badlo fy ffordd i bost Llanrug i godi fy mhensiwn.

Mae un peth o blaid mynd i oed. Dw i'n cael gwylio'r teledu heb boeni am godi leisans.

MWT (MWT GRIFFITH)

Mae anifeiliaid anwes, yn enwedig cathod a chŵn, yn dod yn rhan o bob teulu, rhywsut. Mwt Griffith oedd ein cath ni. Twm oedd yr enw gwreiddiol a gafodd ond fe ganfuwyd yn eitha' cynnar mai hogan ac nid hogyn oedd y giaman, a mater hawdd oedd newid 'Twm' yn 'Mwt'.

Roedd Mwt a minnau'n dipyn o ffrindiau er gwaetha'r ffaith fy mod i wedi ei phryfocio sawl tro trwy glymu pethau'n sownd yn ei chynffon, ei charcharu yng nghrombil yr hen gloc mawr a'i saethu fwy nag unwaith efo gwn dŵr. Er gwaetha'r pryfocio plentynnaidd, roedd Mwt yn mynnu dod i ganu grwndi ar fy nglin bron bob nos.

Hen ddiwrnod gwyntog, glawog oedd hi pan gefais y syniad y carwn i wneud Mwt yn dipyn o arwr drwy ei pharatoi ar gyfer ymuno â'r *Red Devils*. Gwnes barasiwt allan o sgarff a gwnes harnes o linyn, a strapiais fy nyfais am gorffyn blewog Mwt. A'r gath yn fy mreichiau, i fyny â fi am y llofft, yn llawn cyffro ac yn gwbwl hyderus y gweithiai fy arbrawf.

Agorais ffenest y llofft. Disgwyliais am bwff o wynt go gry', ac yna gollyngais Mwt druan i ddannedd y ddrycin gan ddisgwyl ei gweld yn disgyn yn hamddenol a glanio'n ddiogel ar ei phedair coes yn yr ardd islaw.

Ond weithiodd y parasiwt ddim. Disgynnodd Mwt druan fel baw o ben-ôl buwch i'r ardd – ar ei phedwar troed, mae'n wir. Parlyswyd hi am eiliad, yna edrychodd yn amheus i gyfeiriad ffenest y llofft, ymsythodd, ac i ffwrdd â hi fel cath i gythraul dros wal yr ardd ac i'r cae. Gwyliais hi'n carlamu'n wyllt i gyfeiriad Tyddyn Andro a'r parasiwt aflwyddiannus yn ei dilyn fel barcud diadenydd.

Ddaeth Mwt ddim am ei soser bara llefrith y noson honno; yn wir, aeth tridiau heibio cyn iddi fentro croesi rhiniog Bryn Alun, ac roedd Mam yn bur bryderus ynglŷn â'i diflaniad.

Pan ddychwelodd cafodd groeso cynnes gan Mam. Diolch i'r drefn na fedr cath siarad. Ond edrychiad go amheus a gefais i gan Mwt, a ddaeth hi byth wedyn i ganu grwndi ar fy nglin. Ac o feddwl dros y peth yn ddifrifol, wela' i fawr o fai arni chwaith. Wedi'r cyfan, doedd gan Mwt yr un gronyn o awydd bod yn un o'r *Red Devils*. Ac oes, hyd heddiw, mae gen i'r hen deimlad annifyr hwnnw fod pob cath yn edrych yn amheus arna' i.

Gyda llaw, bu diflaniad y sgarff yn ddirgelwch i Nhad. Chwiliwyd amdani ym mhob man, a bu cryn holi. Yn wir, fe holwyd pawb ond Mwt.

Wnes i ddim sôn wrth neb am yr arbrawf aflwyddiannus, hyd yn oed wrth fy ffrindiau gorau. Yn wir, roedd hi'n edifar gen i fy mod wedi gwneud y ffasiwn beth ac mi geisiais roi mwy o fwythau nag arfer i Mwt, gan obeithio cael maddeuant. Ta waeth, ymhen ychydig fisoedd wedyn, roedd hi'n gyfarfod pregethu ac roeddwn i'n eistedd yn barchus ddiniwed rhwng Nhad a Mam yn hanner gwrando ar y pregethwr. Gŵr ifanc, sef y Parchedig Idwal Jones, Pencader ar y pryd, ond a ddaeth wedyn yn weinidog i Lanrwst, lle daeth i nabod Gari Tryfan.

Yn ystod y bregeth mi glywais y geiriau hyn: 'Mae rhai yn meddwl fod plant bach bob amser yn blant annwyl a thyner. Peidiwch â chael eich siomi. Joni bach yn dod adre' o'r ysgol. Sŵn ei draed o'n dawnsio clepian yn nhalcen y tŷ, a gwên fawr yn dod ar wyneb ei dad a'i fam o. Joni bach wedi cyrraedd adre' yn ddiogel.'

'Ond,' meddai'r pregethwr, 'mae'r gath yn mynd allan. O, ia, gyfeillion, gall plant bach fod yn greulon hefyd.'

Roeddwn i'n chwys doman dail, ac yn aflonydd o euog. Sut yn y byd mawr roedd y dyn yma o'r Sowth yn gwybod am antur Mwt Griffith a'r parasiwt? Mi ges i dipyn o fwythau gan Mam ar ôl mynd adre', am fy mod i'n teimlo'n sâl yn y capel yn ystod y gwasanaeth. Wnes i ddim dadlennu'r gyfrinach tan yn ddiweddar iawn pan ges i wahoddiad i ddewis deg record ar gyfer rhaglen radio. Un record a ddewisais oedd 'Deuawd y Cathod', fel y medrwn adrodd stori Mwt a'r parasiwt.

Mae gen i stori arall am Mwt hefyd, stori na ddychmygais ar y pryd y dôi'n brofiad gwirioneddol i mi ymhen blynyddoedd. Dw i wedi bod yn eisteddfodwr drwy gydol fy oes ac wedi cael pleser fel cystadleuydd, beirniad ac fel gwrandäwr hefyd. Yn wir, pan oeddwn i'n grwtyn ar aelwyd Bryn Alun roeddwn i'n chwarae steddfod efo marblis. Ia, marblis.

Roedd gen i lond bocs sgidiau ohonyn nhw. Cannoedd o rai llwydaidd cyffredin a dwsinau o rai gwydrog, sgleiniog, lliwgar – y Togos, fel y gelwid nhw. Oedd, roedd gen i ddigon o farblis i gynnal Eisteddfod Genedlaethol.

A dyna be, wnawn i, fel unig blentyn, ar ambell ddiwrnod stormus. Tywallt llond bocs sgidiau o'r marblis ar lawr y gegin a'u gosod nhw'n drefnus, yn rhesi o eisteddfodwyr pybyr ym mhafiliwn y Genedlaethol i ddisgwyl awr fawr y cadeirio. Yna, fe ddôi'r Orsedd yn urddasol i'r llwyfan, sef y marblis lliwgar, fel arfer i gyfeiliant organ geg. Yna, y Togo mwya' oedd gen i yn cymryd ei le ar flaen y llwyfan. Fo oedd yr Archdderwydd.

Marblan wen a offrymai Weddi'r Orsedd. Cafwyd beirniadaeth a theilyngdod, ac fe gyrchwyd y bardd buddugol (marblan lwyd, gyffredin) i'r llwyfan gan ddwy o'r Togos bach lliwgar. Fe'i cadeiriwyd yn Brifardd Eisteddfod y Marblis. Do, fe ganwyd Cân y Cadeirio hefyd gan Fryn Terfel o ganwr.

Ond mi gofiaf un eisteddfod drychinebus. Pan oedd yr Archdderwydd ar fin galw am Heddwch fe ruthrodd Mwt y gath fel bwldosar drwy'r gynulleidfa ddisgwylgar a'u sgrialu i bedwar ban. Bu rhaid gohirio'r eisteddfod hynod honno. Ymhen blynyddoedd wedyn, pan oedden ni'n ymadael â Bryn Alun y daethpwyd o hyd i'r Archdderwydd yn swatio o dan yr hen gloc mawr. Rhyfedd o fyd.

Roedd fy eisteddfod go iawn gynta' fel Archdderwydd ar Barc y Faenol yn wahanol iawn i'r eisteddfod farblis ar lawr cegin Bryn Alun. Doedd dim angen i mi offrymu Gweddi'r Orsedd na chanu Cân y Cadeirio ar lawnt y plas. A doedd Mwt ddim yno chwaith i chwalu'r gynulleidfa i bedwar ban byd.

Nhad a Mam

Yn fy siwt newydd
gynta' yn 6 oed

Fi sy'n sefyll ar y chwith o flaen Anti Gwawr, 1934

Carnifal Bethel yn y 40au.
Siwt dipyn mwy cyfforddus
na gwisg yr Archdderwydd

Anti Nel, Mam, Anti Kate, Anti Lissie

Tîm Cownti Sgŵl, 1945-46

Ail Dîm Caernarfon ar yr Oval, diwedd y 40au

Tîm Cyntaf Caernarfon diwedd y 40au

RAF – dipyn o boendod. Y fi ar y dde yn y rhes gefn

Diwrnod ein priodas yng nghapel Croes-y-waun, Y Waunfawr, 1960

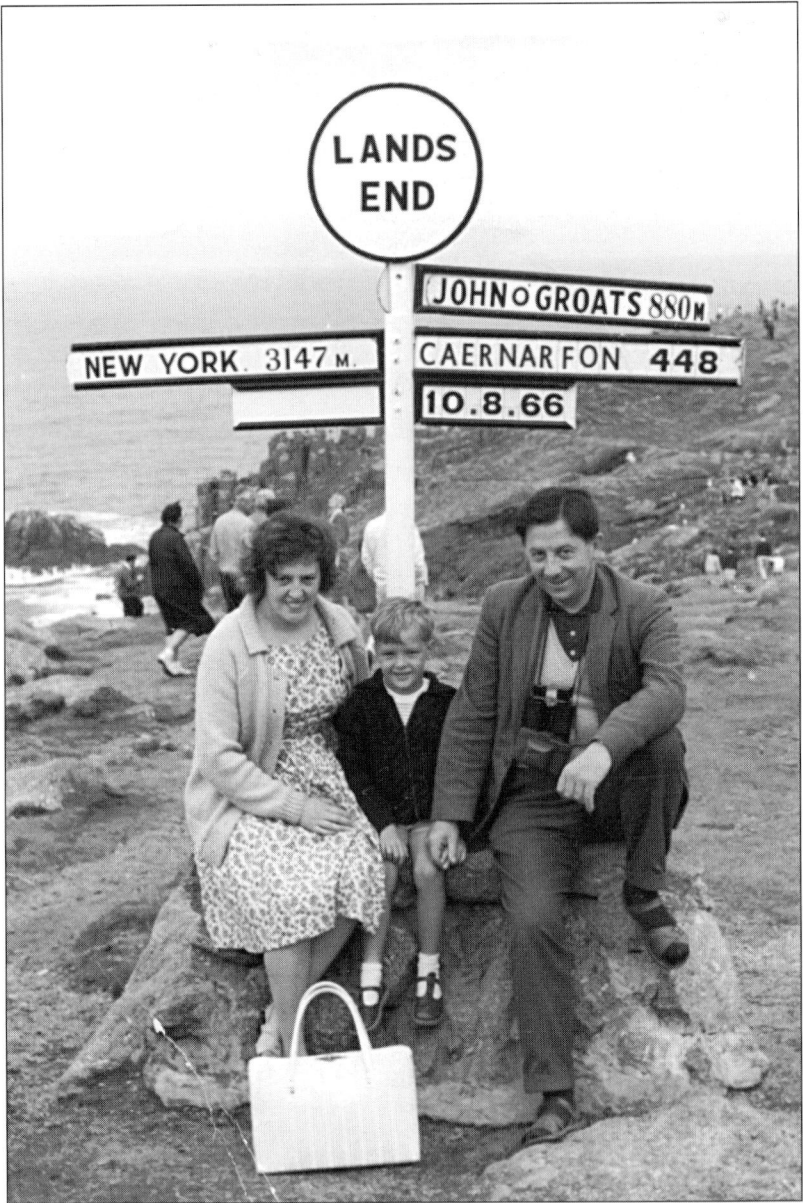

Dechrau teithio – Meira, Euron a minnau

Priodas Euron a Jacci yn Neuadd y
Ddinas, Caerdydd, 2004

Tali hefo Taid

Euron, Myra a Tali – diwrnod priodas Euron

Y cyn Archdderwydd Elerydd (W J Gruffydd) uwch bedd
yr Athro W J Gruffydd ym mynwent Llanddeiniolen

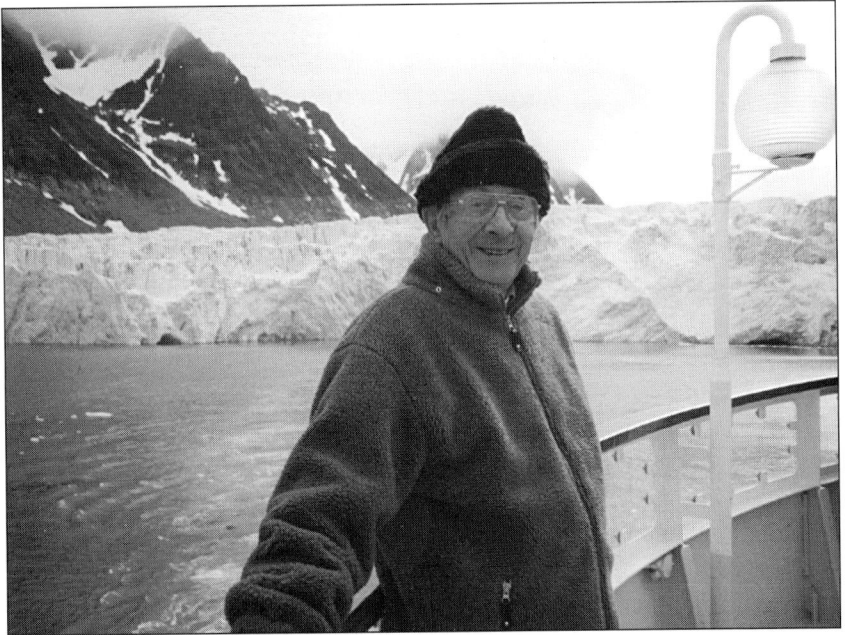

Yng nghyffiniau'r Arctic – angen lapio

Patagonia, 2001 – côr yn ein diddanu, ac yn canu 'Maradona'

Coron Llanrwst, 1989 – cyrraedd fy nôd o'r diwedd

Yn yr Orymdaith
– bûm yn selog yn seremonïau'r Orsedd

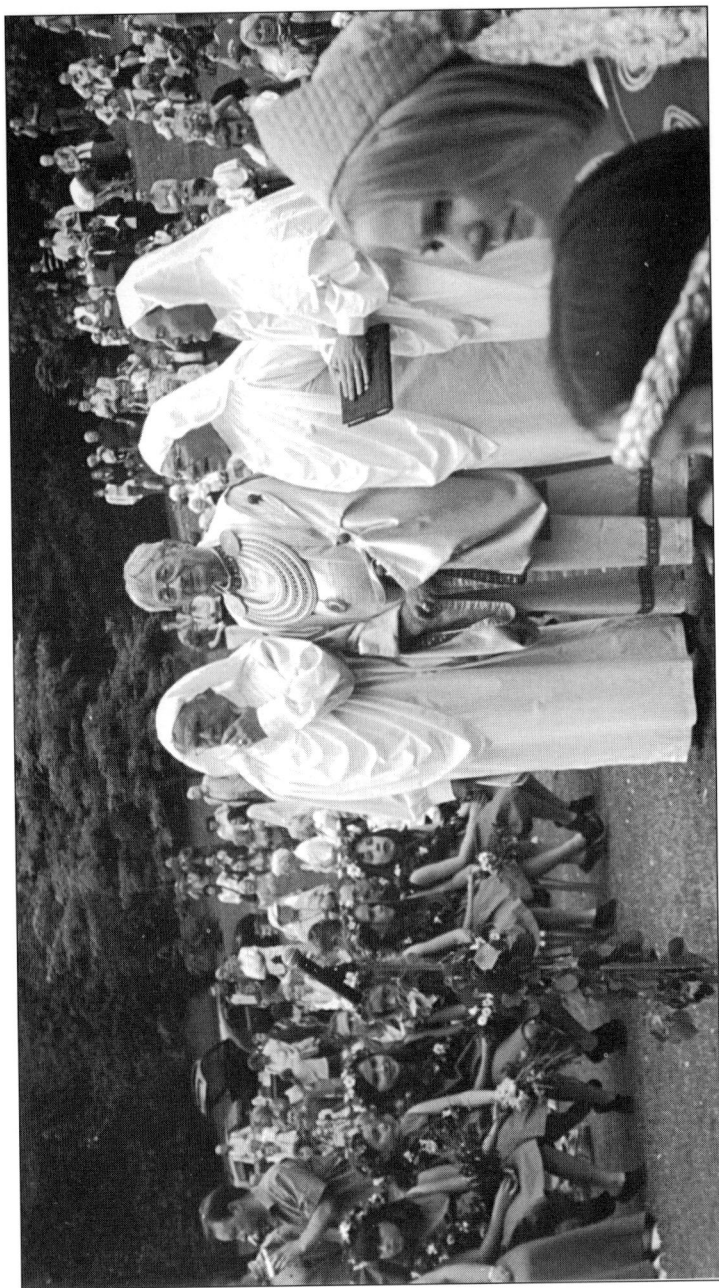

Gorseddu Abertawe, 2003 – diwrnod i'w gofio.
Yn y llun hefyd – Geraint Llifon, Elis Wyn a Gwyn o Arfon

Gyda Meistres
y Gwisgoedd –
Siân Aman

Gyda Katie Wyn
Jones –
Eisteddfod
Llanelli, 2000

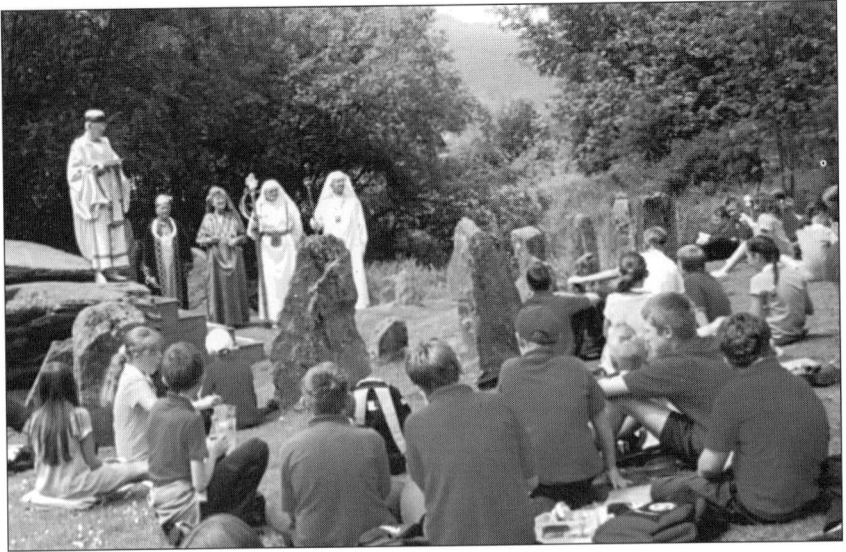

Ar y Maen Chwŷf (Maen Siglo) ar achlysur dathlu
Hen Wlad fy Nhadau yn 150 oed yn 2006

Gyda enillydd y Fedal Ryddiaith, Fflur Dafydd
ar lwyfan y Brifwyl, 2006

PETE (PITAR GRIFFITH)

Rhaid i mi sôn am anifail anwes arall a gafodd gartre' gyda ni yn ddiweddarach, ar ôl i ni symud i'n cartre' newydd ym Methel – Crud yr Awen. Pan roddwyd yr hen gyfaill ffyddlonaf i gysgu, fe luniais deyrnged iddo ac fe'i cyhoeddwyd yn y papur bro, *Eco'r Wyddfa*. Fyddai fy atgofion i ddim yn gyflawn heb sôn amdano.

Pete oedd ei enw fo, neu Pitar Griffith i roi'r enw parchus arno. Roedd hi'n arferiad ganddon ni ym Methel i ychwanegu cyfenw'r perchennog fel cynffon wrth enwau cŵn a chathod. Wedi'r cyfan, onid oedden nhw'n aelodau o'r teulu?

Ci oedd Pete. Mwngrel du, croesiad rhwng Labrador a theriar, medden nhw, ond pedigri o fwngrel os bu un erioed.

Doedd Pete ddim yn rhy hoff o blant a dyna sut y daeth o i gartrefu efo ni. Roedd o'n genfigennus o'r babi newydd a ddaeth i aelwyd ei berchennog. Myra fy ngwraig dosturiodd wrtho fo a dod â fo adre' efo hi un pnawn, heb ymgynghori dim efo fi, wrth gwrs.

Doedd gen i ddim i'w ddweud wrtho fo ar y dechrau. Ond buan iawn y sylwais i fod Pete yn gynffon o groeso pan ddeuwn i adre' bob nos. Efo'i gynffon y bydd ci'n siarad. Efo'i gynffon y bydd o'n estyn croeso ac yn dangos diolchgarwch, yn ogystal â dangos dicter ac anfodlonrwydd. Sut bynnag, o dipyn i beth, daeth Pete a minnau'n ffrindiau penna' – y cyfaill ffyddlona' fu gen i erioed. Oedden, roedden ni'n dipyn o fêts.

Cofiwch chi, roedd o'n dipyn o niwsans weithiau hefyd. Mae'n wir i mi orfod ei geryddu fo droeon am fynnu fy nilyn i'r capel ambell fore Sul ac i seiat o natur wahanol yn nhafarn y Gors Bach ambell nos Sadwrn. Fe gafodd Pete y fraint o gyrraedd sêt fawr Capel Bethel un bore Sul. John Blaen Parc ddigwyddodd basio a sylwi arno'n bendrist-amyneddgar wrth ddrws y capel. Hen wag

49

oedd John. Agorodd y drws gan annog Pete i fentro drwy borth y cysegr sancteiddiolaf. Wrth gwrs, fe ruthrodd y ci yn gynffon i gyd i ffendar y saint a'i gyfarthiad o'n porthi'r bregeth. I ble ond i'r sêt fawr y byddai ci call yn mynd i chwilio am ei feistr, yntê?

Ond peidiwch â meddwl am eiliad fod Pete yn greadur duwiol. O, na. Doedd o ddim yn titotal chwaith. Am gyfnod, arferai ddod efo fi i seiat y Gors Bach ar nos Sadwrn – nes iddo gael ei ddiarddel. Gadael ôl ei ddannedd ar fysedd y tafarnwr wnaeth o, am i hwnnw feiddio clirio fy ngwydr gwag oddi ar y bwrdd. Fuo Pete ddim yn diota wedyn. Cafodd ei wahardd am fod yn ffyddlon i'w feistr.

A dyna, mae'n debyg, yw prif uchelgais unrhyw gi: bod yn gyfeillgar ac yn ffyddlon i'w feistr. Dim ond ar yr adegau pan fyddai cariad yn galw y byddai Pete yn anufudd i mi. Ni fyddai llond trol o 'Maltesers' yn ddigonol i'w gadw fo gartre, dros gyfnod y caru. Do, fe gafodd sawl swadan gen i am iddo gyrraedd adre' yn oriau mân y bore, yn wlyb diferol o'i deithiau rhamantus. Ond er y peltio a'r dwrdio, ddaliodd o erioed ddig yn fy erbyn i; roedd o'n ffrind ffyddlon drwy bob storm.

Dim ond unwaith y dangosodd ei ddannedd a bygwth fy mrathu, a diffyg adnabyddiaeth fu'n gyfrifol am yr ymosodiad hwnnw. Roedd yna siop trin gwallt a elwid *His and Hers* yng Nghaernarfon, ac ar funud gwan fe'm perswadiwyd i fentro i'r parlwr moethus hwnnw i newid steil y mop blêr oedd gen i. Pan ddychwelais ac agor drws y car ar fy newydd wedd megis, fe chwyrnodd Pete yn fygythiol arna' i ac fe gythrodd i fraich y 'dyn diarth' a fentrodd i gar ei feistr. Chwarae teg, gwneud ei ddyletswydd oedd o, fel pob ci gwerth ei halen. Gofalu am eiddo ei feistr.

Enillodd Pete druan yr un wobr erioed. Wyddai o ddim fod yna'r ffasiwn beth â sioe Crufts. Doedd ganddo fo ddim diddordeb yn noniau Lassie ar y teledu a doedd o ddim yn eisteddfodwr selog fel Benji a Wili Prichard chwaith. Cŵn Caradog a Mati Prichard oedd y rheini, fel y gŵyr pob eisteddfodwr pybyr. Ond dim ond unwaith erioed y cafodd Pete y fraint o droedio maes y Brifwyl. Rhuthun yn 1973 oedd hynny. Ond camgymeriad dybryd ar fy

rhan oedd mynd ag o i Ystafell y Wasg a cheisio'i gyflwyno i
eisteddfotgi enwoca' Cymru, sef Benji Prichard a gysgai yn belen
o gyrls yn hedd ei fasged.

Gafodd Pete groeso? Dim ffiars. Doedd yna ddim heddwch yn
teyrnasu y pnawn hwnnw pan ymsythodd Benji o'i gwsg llwynog.
Buan iawn y deallodd Pete nad oedd croeso iddo fo, mwngrel o gi,
yn ystafell ddiwylliedig y wasg. Na, doedd Benji Prichard a Pitar
Griffith ddim yn fêts o gwbwl.

Diwrnod trist oedd diwrnod y ffarwelio. Ffarwelio â'r ffrind
ffyddlona' fu gen i erioed. Roedd yna le gwag acw ar ei ôl: ei wely
wedi diflannu o ben y grisiau, ei blât o'r gegin, a'i gyfarthiad o wedi
distewi am byth.

Yr unig rai i orfoleddu fod dyddiau Pitar Griffith wedi dod i ben
oedd cathod y gymdogaeth. Oedd, roedd Pete yn gythraul am gath.
Ys gwn i a oes yna nefoedd i gathod a chŵn? Os oes, roedd Pete yn
haeddu cael mynediad. Ac os oes yno gathod, dydi hi ddim yn
nefoedd arnyn nhw bellach.

Diolch am dy gwmni di, Pete. Fe wnest ti bob peth ond siarad efo
fi. Cysga'n dawel, yr hen ffrind. Os mêts, mêts.

Y WEI EM A'R NEUADD GOFFA

Roedden ni'n lwcus iawn ym Methel, roedd yna adeilad YMCA yno, a dyna lle bydden ni'n cyfarfod yn rheolaidd. Cyn gynted ag y bydden ni'n mynd i'r ysgol fawr, fe gaem yr hawl i ddod yn aelodau o'r 'Wei Em'. Hen dŷ annedd oedd yr adeilad, gyda dau fwrdd snwcer, un ar bob llawr. A dyna wefr oedd cael dysgu chwarae snwcer, a biliards – roedd y gêm dair pêl honno'n boblogaidd iawn ar y pryd.

Twm Postman, neu Tomi Post oedd y gofalwr, ac roedd ganddo ddisgyblaeth arnon ni. O fethu pot go hawdd, fe ddôi rheg dros wefusau ambell un ac fe glywid llais y gofalwr yn gweiddi, 'Iaith!' Os digwyddai'r eildro, rhaid fyddai i'r troseddwr roi ei giw ar y rac, hel ei bac a mynd allan. Roedd rheol arbennig bod rhai dan bymtheg oed i fynd adre' am naw o'r gloch. Roedd dau air gan Twm Postman yn ddigon, sef 'Mae'n naw', ac os byddai rhai ohonon ni braidd yn araf i ymateb, fe drôi Twm i'r Saesneg, a mwy o fygythiad yn ei lais: *'January. February. MARCH!'*

Roedd yna chwaraewyr snwcer dawnus yn ein plith. Owie Tan y Ffordd oedd y pencampwr ond roedd Geraint Jones (y darlledwr newyddion) yn un medrus hefyd, llawn cystal â'i daid, Wili Wmffras Tŷ Rhos, a fu'n parhau i gael blas ar botio'r peli nes cyrraedd oedran teg. Oedd, roedd yna gymdeithas hapus yn y Wei Em ers talwm.

Union gyferbyn, roedd adeilad pren a adwaenid fel 'Hyt y Wei Em', ac yn ystod gwyliau ysgol mi fyddwn i rhai o'm cyfoedion yn paratoi cyngherddau yno. Byddwn yn cyfansoddi cerddi ar alawon poblogaidd a hefyd nifer o sgetsys ac, ar ôl ymarfer tipyn, fe wahoddid yr ardalwyr yno i wrando ar ffrwyth ein llafur. Byddem yn codi tâl mynediad o dair ceiniog i blant a chwe cheiniog i oedolion, a'r arian yn mynd tuag at y gost o godi Neuadd Goffa yn y pentre'.

Dw i'n cofio rhai a fu'n cymryd rhan yn y 'cyngherddau mawreddog' hynny: Eddie Jones (Eddie Cremlyn) a ddaeth yn brifathro Ysgol Rhydypennau, ac yn awdur llyfr o emynau i blant. Daeth Eddie hefyd yn awdurdod ar ddawnsio gwerin a bu'n beirniadu droeon yn ein prifwyliau yn ogystal â chyfansoddi dawnsfeydd. Un arall oedd Alwyn Hughes (Alwyn Ysgoldy) a'm dilynodd i fel golwr y Cownti Sgŵl. Mae'n rhaid fod Bethel yn lle arbennig am feithrin golwyr.

Mae'n bur debyg mai dyna pryd y teimlais i'r ysfa gynta' i gyfansoddi ychydig, er fy mod i, hyd yn oed yn yr ysgol fach, yn cael gwefr o glywed sŵn geiriau yn odli â'i gilydd, ac mae rhai'n dal i f'atgoffa fy mod i, y pryd hynny, yn cyfansoddi ambell bill i ddathlu pen-blwydd rhywun, neu ambell dro trwstan.

Ar foreau Sadwrn mi fyddwn i'n helpu Twm Postman drwy fynd â llythyrau i'r ffermydd cyfagos ar fy meic, a chael hanner coron o gyflog. Roedd hi'n dipyn o daith, a buan iawn y dois i ddeall fod yr hen bostman cyfrwys yn dueddol o gadw llythyrau'r ffermydd pell tan fore Sadwrn! Gorchwyl peryglus oedd mynd i ambell fferm. Roedd hanner dwsin o wyddau bygythiol Tyddyn Bach fel pe'n disgwyl amdana' i bob bore Sadwrn, a doedd ci Parciau Rhos ddim yn or-hoff ohona' i chwaith. Ond mi gawn i groeso mawr gan Nel, gast ddefaid Llwyn Bedw. Unig ddrwg Nel oedd ei bod hi'n mynnu fy nghroesawu â'i phawennau, a'r rheini'n hynod o fwdlyd, nes bod fy nillad yn un cramen o fwd pan gyrhaeddwn adre'.

Ambell Sadwrn, pan fyddai tîm yr ysgol yn mynd ar daith go bell i Fotwnnog neu Bwllheli, rhaid oedd torri fy nghytuneb â Twm, a doedd hynny ddim yn ei blesio o gwbwl. Er bod ganddo ddaliadau cry' ynglŷn ag iaith anweddus yn y Wei Em, fe'i clywais yn sibrwd fwy nag unwaith, 'Y blydi ffwtbol 'ma.'

Pan godwyd y Neuadd Goffa doedd dim pwrpas i Hyt y Wei Em, ac fe'i gwerthwyd a'i symud i Lanrug yn gwt band. Mae adeilad y

Wei Em ym Methel bellach yn ôl yn dŷ annedd ers blynyddoedd, ac fe aed â'r ddau fwrdd snwcer i'r Neuadd Goffa.

Rydw i'n cofio noson agoriadol y Neuadd Goffa yn dda, a'r Dr W J Gruffydd yn cyflawni'r seremoni. Mae WJG yn sôn yn ei gerdd i'r hen dyddynnwr fel y rhoes 'ei geiniog brin at godi'r coleg', sef Coleg y Brifysgol ym Mangor. Mae gen innau gof byw am bentrefwyr Bethel yn cyfrannu chwe cheiniog yr wythnos tuag at godi'r Neuadd Goffa. Gyda llaw, rydw i'n credu mai adeilad o eiddo'r fyddin, yng Nghricieth, oedd pwrpas cynta' Neuadd Goffa Bethel.

Bûm yn ysgrifennydd pwyllgor y neuadd am rai blynyddoedd, a byddwn yn trefnu i gael adloniant yno bob nos Wener. Caed ymweliadau gan gwmnïau drama a phartïon cyngerdd o fri. Y ffefrynnau blynyddol oedd cwmnïau drama Waunfawr, Llanllyfni a Llannerch-y-medd, ac roedd disgwyl mawr am gyngherddau gan barti Alun Ogwen o Benmachno (tad Euryn Ogwen, S4C) a pharti Lewis R Lewis, Blaenau Ffestiniog (tad Eigra Lewis Roberts).

Cynhelid eisteddfodau cadeiriol a choronog yn y neuadd am gyfnod, a byddai nifer o'r beirniaid yn aros gyda ni ar aelwyd Bryn Alun. Mae gen i atgofion melys am gael seiadau tan oriau mân y bore gyda'r cerddor Gwilym Gwalchmai (brawd Gwyn Erfyl) a fu farw mor ddirybudd yn ŵr ifanc. Yn Eisteddfod Bethel y cychwynnodd Valerie Jones, Mynytho (Valerie Ellis erbyn hyn) ar ei gyrfa fel beirniad. Ychydig a feddyliais yr adeg honno y byddwn yn cydfeirniadu â Valerie mewn sawl eisteddfod wedi hynny.

Mae W J Gruffydd yn cydnabod yn ei glasur, *Hen Atgofion*, mai 'trigo' yr oedd o yng Nghaerdydd, ond yn 'byw' ym Methel. Ambell dro, pan ddôi ar ei wyliau i Fethel, fe fyddai'n dod â chyfaill gydag o, a byddai'r cyfaill hwnnw o'r Sowth yn aros efo ni ym Mryn Alun, gan nad oedd lle yng Ngorffwysfa.

Roeddwn i wrth fy modd pan ddôi'r dyn diarth i aros oherwydd fy mod i'n cael pishyn chwe cheiniog ganddo bob tro, ac roedd chwech yn ffortiwn i blentyn ysgol yr adeg honno. Ymhen blynyddoedd wedyn y deuthum i ddeall mai'r gŵr caredig o'r Sowth oedd neb llai na'r diweddar Athro Griffith John Williams.

Do, mi fûm i'n ffodus iawn i gael fy magu ar aelwyd lle roedd yna groeso a llety i feirdd, cantorion a llenorion, ac amryw ohonyn nhw'n aros acw yn sgîl gweithgareddau a gynhelid yn y Neuadd Goffa.

MISS TAYLOR A'R SPION KOP

Fe gafodd un arall groeso ar aelwyd Bryn Alun yn ystod y rhyfel. Pan oeddwn i'n hogyn bach roedd Lerpwl yn bell, bell i ffwrdd. Roedd o'n lle mawr a rhaid oedd mynd drwy dri thwnnel a thros ddwy bont i fynd yno. Yn ddiweddarach, a minnau yn fy arddegau cynnar, roedd Lerpwl yn beryglus o agos. Roedd yna ryfel yn Lerpwl, ac yn ymestyn o'r fflamau roedd chwiloleuadau fel croesau o arian byw yn hollti'r ffurfafen wrth chwilio'r nos am eryrod y *Luftwaffe*. Dw i'n cofio'r nosweithiau pryderus, di-gwsg hynny. Sŵn trwm awyrennau Hitler yn pasio dros Fethel ar eu ffordd i Lerpwl i ollwng eu hwyau gwae ar goelcerth y ddinas.

Rhyfel Lerpwl fu'r achos i Miss Taylor ddod acw i lojio efo ni. Athrawes faciwîs oedd Miss Taylor, a bu'n aros ym Mryn Alun am gyfnod tra'n dysgu'r ffoaduriaid yn Ysgol Bethel. Haidee oedd ei henw – Haidee Taylor – a wir i chi, roedd hi'n bishyn handi. Biti na fyddwn i yn fy arddegau hwyr. Dw i'n cofio gwneud pill iddi:

> Hei ho, hei di ho,
> Ti yw pishyn ddela'r fro
> O Stryd Ganol i Tre-go,
> Hei ho, hei di ho.

Roedd hi'n ferch hynod o annwyl, ac fe gartrefodd yn hapus iawn ar aelwyd Bryn Alun. A thua diwedd y rhyfel, pan oedd Robb Wilton yn atgoffa ffyddloniaid yr Ymerodraeth am 'y dydd y torrodd rhyfel allan' a Tommy Handley yn ffrwd o ffraethineb o Neuadd y Penrhyn, Bangor, roeddwn i'n cael mynd i aros dros wyliau'r ysgol i gartre' Miss Taylor. A dyna pryd y bûm i ar y Spion Kop am y tro cynta'.

Cael fy ngwasgu ymhlith yr ugain mil neu fwy, a siglo'n feddw fel gwenith yn y gwynt dan gantel y Kop. Cofiwch, roedd yna 60,000 a mwy yn tyrru i Anfield ac i Goodison yn y dyddiau hynny. Rwy'n dal i gofio rhai o'r arwyr – Cyril Sidlow yn y gôl; Ray Lambert, y cefnwr – bu'r ddau yma'n chwarae i Gymru ar sawl achlysur. A phwy all anghofio'r Sgotyn, Billy Liddell? Roedd hyn cyn i 'Dodd' a'i dylwyth 'diddy' ddod i'n goglais â'i ddwster pluog o Knotty Ash, a chyn i'r miwsig trydanol arllwys o Ogof y Cavern yn rhaeadr o sŵn gan ysgrytio'r byd.

Ond i Barc Goodison yr es i gynta', a rhyfeddu at y lle. Yno y gwelais i Tommy Jones yn chwarae am y tro cynta' erioed. Wnes i ddim dychmygu y diwrnod hwnnw y byddwn i, flynyddoedd yn ddiweddarach, yn wynebu Tommy Jones ar y Morfa, Conwy. Mae'r toriad papur newydd o'r gêm honno yn ddiogel yn fy llyfr sgrap. Y sgôr oedd Conwy 0, Pwllheli 4. Un o'r pedair gôl oedd cic o'r smotyn, a'r sgoriwr oedd Tommy Jones. Roeddwn i'n teimlo rhyw falchder arbennig o fod wedi cael y fraint o chwarae yn erbyn un a fu'n arwr i mi. Mi deimlwn fwy o falchder, reit siŵr, petawn i wedi arbed y gic o'r smotyn.

Ond Anfield fu'r dynfa i mi, ac yno ar y Spion Kop y teimlwn i'r wefr, yn enwedig yn nyddiau Keegan a Tosh, a Rush a Dalglish. Eisteddle ydi'r Kop bellach, a dydi'r awyrgylch ddim cweit yr un fath. Er na fûm i yno ers blynyddoedd rŵan, fedrwn i ddim llai na theimlo'n drist ar y prynhawn Sadwrn hwnnw pan safodd y ffyddloniaid ar y Kop am y tro ola'.

Ys gwn i sut y byddai'r diweddar annwyl Athro Bedwyr Lewis Jones yn teimlo? Fe fu'n un o gefnogwyr ffyddlonaf Lerpwl ac fe dreuliai ran o'i wyliau haf yno er mwyn mynd i weld y tîm yn ymarfer. Roedd Bedwyr yn un o'r miloedd a ymwelodd ag Anfield ar ôl trychineb Hillsborough, pan drowyd y Kop yn allor goch o liw. Rydw i'n ei gofio'n dweud wrtha' i ar ôl y profiad hwnnw – 'Pe bawn i'n fardd, mi ganwn i gân fawr i'r digwyddiad.'

Sadwrn ola' Ebrill 1994, a minnau'n gwrando'r ddrama fawr yn dirwyn i ben ar y radio, fedrwn i ddim peidio â theimlo rhyw iasau trydanol yn llifo drwy fy ngwythiennau, wrth synhwyro'r cynnwrf ar organ y gwynt a sŵn emynau'r Kop yn hollti'r awyr. Bob tro y bydda' i'n ymweld ag Anfield, mi fydda' i'n aros ennyd o flaen y gofeb i'r rhai a gollodd eu bywydau yn nhrychineb Hillsborough – nifer ohonyn nhw yn eu harddegau cynnar. Fedr yr un o ffyddloniaid Anfield anghofio'r olygfa honno: maes y brwydrau yn fynwent o flodau. Teml Anfield yn drist a distaw a'r dorf yn ymlwybro'n araf i'r stadiwm gyda'u sgarffiau, eu blodau a'u dagrau. Na, does gan yr un tîm pêl-droed gartre' cyffelyb i Anfield.

Mae awyrgylch arbennig iawn yno. Chewch chi mohono fo mewn unrhyw gae pêl-droed arall. Ac mae rhyw gyfriniaeth yn y geiriau a welir gan dimau'r ymwelwyr wrth iddyn nhw ymadael â'r ystafell wisgo i wynebu bonllef daranllyd y miloedd. Tri gair: *This is Anfield* – digon â chodi braw ar unrhyw dîm sy'n meiddio herio'r cochion ar eu tomen eu hunain. Mae'n chwith meddwl eu bod nhw am symud oddi yno.

> Gwyn eu byd y ffyddloniaid
> fu'n addoli'r cochion
> ar deras y Kop
> – canys eiddynt oedd gwefr buddugoliaethau.
>
> Gwyn eu byd y ffanatics
> a fu'n siantio'r salmau
> pan oedd Rush a Dalglish
> yn mesmereiddio'r ymwelwyr,
> – canys eiddynt oedd ias y cyffro.
>
> Gwyn eu byd yr hen sgowsars
> sy'n cofio ffraethineb Shanks,
> telepathi Keegan a Tosh
> a dewiniaeth Saint John,
> – canys eiddynt yw seiadau
> o ddadlau hyd at daro.

Gwyn eu byd y don ddynol
fu'n siglo'n feddw, fel gwenith yn y gwynt
dan gantel y Kop,
– clywaf eu llw
'nad unig fydd teithiau'r cochion
i bellteroedd daear.'

A phan ddiffydd y llifoleuadau
a phan ddelo'r nos i ostwng ei mantell
dros deml Anfield,
ymddengys sêr o'r cysgodion
i fflachio'n ddisglair ar fideo'r cof.

2321359 GRIFFITH

Waeth i mi gyfadde' ddim, cof difrifol sydd gen i, ac fel rydw i'n heneiddio, rydw i'n mynd yn fwy anghofus.

Yn aml, rydw i'n cael trafferth i gofio enwau, yn enwedig enwau pobol rydw i'n gwbwl gyfarwydd â'u hwynebau. Dw i hefyd ar brydiau yn methu'n glir â dwyn i gof yr union air y dymunaf ei ddefnyddio, a hynny yn aml iawn wrth annerch cynulleidfa. O ia, sobor o beth ydi cael blanc o flaen cynulleidfa. Ond dyna fo, 'henaint ni ddaw ei hunan' meddai'r hen air, yntê!

Beth sy'n gwneud i mi fynd ar y trywydd anghofus 'ma? Wel, darllen yn y papur yn ddiweddar am ŵr a enillodd y loteri drwy ddefnyddio'i rif yn y lluoedd arfog i ddewis ei rifau lwcus. A dyma fi'n cofio'n sydyn, er mor anghofus ydw i, mai 2321359 Griffith fûm innau am ddwy flynedd yn niwedd y Pedwar Degau. Fe fynnodd y brenin fy mod i'n gwisgo iwnifform a chael nymbar, nymbar sydd wedi'i serio ar fy nghof hyd heddiw, am ryw reswm.

Nid soldiwr oeddwn i, ond un o fois y siwt las. Ia, un o hogia'r RAF, er na welais i yr un awyren tra bûm yn y Llu Awyr, dim ond y rhai fu'n hedfan yn achlysurol uwch fy mhen i. Sôn am longwrs tir sych; awyrenwr â'i draed ar y ddaear fu 2321359 A/C Griffith hefyd.

Yn syth o Gownti Sgŵl Caernarfon yn 1946, mi ges alwad gan frenin Prydain Fawr i fynd i West Kirby i ddysgu sut i saliwtio a martsio, a sut i sticio bidog i sach o wellt, a sut i daflu grenêd heb fy lladd fy hun, na neb arall.

Gan fod ffrind i mi am fod yn drydanwr, mi benderfynais innau fynd ar yr un cwrs, ac fe'n hanfonwyd i Melksham yn Wiltshire. Doedd gen i yr un iot o ddiddordeb yn y plygiau a'r weiars, ac roeddwn i wedi penderfynu methu'r arholiad terfynol yn fwriadol oherwydd, os llwyddwn, fe fyddai'n rhaid i mi wedyn bacio'r cit-bag a pharatoi ar gyfer cyfnod mewn gwlad dramor. Meddyliwch o ddifri' amdana' i, sydd mor hoff o grwydro i bellafoedd daear, yn gwrthod y cyfle i gael gweld y byd yn rhad ac am ddim. Na, yr adeg honno, roedd cael sefyll rhwng pyst y gôl ar yr Oval, Caernarfon, yn fwy pleserus i mi na gweld pyramidiau'r Aifft.

Anghofia' i byth yr arholiad terfynol. Rhyw lipryn main o swyddog medalog efo cansen yn ei law yn gofyn i mi, gan bwyntio'r gansen at glamp o 'searchlight', *'And what would you call that?'* gofynnodd gyda'i acen Rydychennaidd. Roeddwn i'n barod amdano, ac atebais yn fy acen Fethelaidd, *'I don't know the English word for it, Sir, but I know the Welsh word.'* (Clyfar yntê: gwybod y gair Cymraeg am 'searchlight' a minnau erioed wedi clywed am 'chwilolau' tan 1947). *'And what is the Welsh word?'* meddai'r llipryn o Sais, a gwên sbeitlyd ar ei wyneb.

Y gair cynta' a ddaeth i'm meddwl oedd 'buwch' a dyma fi'n poeri'r gair i'w wyneb o. 'Buwch, Syr,' meddwn a dyma fynta fel carreg ateb yn ceisio'i ailadrodd, a'i dafod yn bwrw tin dros ben yn ei geg o. *'Oh, bliwc, is it? You're pretty hopeless, aren't you?'* meddai, gan fy nharo ar fy ysgwydd efo'r gansen fel petae am fy nyrchafu'n farchog yn y fan a'r lle.

Oeddwn, roeddwn wedi methu'r arholiad, ac roeddwn i'n berffaith fodlon ar y canlyniad. Yr adeg honno roeddwn i'n ffawdheglu bob penwythnos o wlad y Sais i dre'r Cofis i gicio gwynt. Roedd hyn yn straen, ond buan iawn y trefnodd Cadeirydd tîm Caernarfon, sef Capten Hughes, i mi gael cyfnewid gwersyll a symud i Landwrog. Ac yno y bûm i y gweddill o fy amser yng ngwasanaeth y brenin. Byw gartre' ym Methel a reidio beic yn ôl ac ymlaen i Landwrog, bob dydd, drwy bob tywydd.

Ambell fore mi gawn lifft yn lori Wili Wmffras Ty'n Rhos, ac roeddwn i'n hynod falch o hynny, yn enwedig ar ddiwrnod gwyntog, gwlyb. Roeddwn i'n cael dau frecwast – un gartre' efo Nhad cyn iddo gychwyn i'r chwarel, ac un arall yn y cantîn yn Llandwrog. Rhwng y ddau frecwast, y reidio beic a'r chwarae ffwtbol roedd

2321359 A/C Griffith yn ffit iawn yn y cyfnod hwnnw.

Yn gorfforol, yn sicr, fe wnaeth y ddwy flynedd les i mi, ond fe ymyrrodd hefyd â'm bwriad i fynd i'r Coleg Normal. Ar ôl fy methiant bwriadol ar y cwrs, cefais fy symud i le o'r enw Abbots Ripton ger Huntington i glercio. Oddi yno y byddwn yn ei ffawdheglu am adre' bob dydd Gwener – tipyn o daith. Cychwyn yn ôl yn gynnar bnawn Sul ar y trên o Fangor i Lundain ac oddi yno i Peterborough, yr orsaf agosaf at y gwersyll yn Abbots Ripton, a chyrraedd y lle hwnnw yn oriau mân bore Llun, a'r cyfan er mwyn gêm bêl-droed.

Cefais brofiad o deithio mewn sawl math o gerbyd – o Rolls Royce i gar sipsiwn – ac unwaith cefais daith o gyffiniau Nottingham yr holl ffordd i Gaer ar gefn beic modur. Sôn am daith oer. Wnes i ddim codi bawd ar feic modur ar ôl y profiad anghysurus hwnnw.

Fy ngorchwyl yn Llandwrog oedd gofalu am foiler a dwymai baent i dymheredd arbennig ar gyfer paentio bomiau. I beth? Doedd gen i'r un syniad, ond dw i'n dal i ogleuo'r paent uffernol hwnnw yn fy ffroenau.

Un fantais o fod yn Llandwrog a chael byw gartre' oedd medru codi gwarant deithio i Lundain pan fyddwn yn cael *leave*. Roeddwn i'n treulio fy seibiant yn gwylio gemau pêl-droed ac yn ymweld â phrif theatrau'r ddinas. Mi wnes hyn yn weddol gyson yn ystod yr amser y bûm yn gwasanaethu *His Majesty* yn Llandwrog. A chwarae teg i'r Brenin Siôr, fe ganiataodd i mi ffarwelio â Llandwrog ddiwrnod ynghynt, fel y gallwn fynd i Kirkham ger Blackpool i gael *demob* a bod yn Selwyn Griffith unwaith eto yn hytrach na 2321359 A/C Griffith. Ac yn fy siwt *demob* yr es i'n syth o Kirkham i Bolton i gael treial efo clwb pêl-droed Bolton Wanderers.

BURNDEN PARK

Unwaith erioed y ces i'r fraint o chwarae ar un o gaeau 'mawr' ein timau pêl-droed ni. Y maes enwog hwnnw oedd Burnden Park, cartre' Bolton Wanderers a oedd, ar y pryd, yn un o brif dimau'r Gynghrair Gyntaf. Dydi Burnden Park ddim yn denu'r miloedd bellach ac mae Bolton, fel nifer o dimau eraill, wedi symud i gartre' newydd moethus.

Dw i'n cofio fawr am y gêm – dim ond y sgôr. Do, fe enillodd fy nhîm i o bum gôl i ddwy. Ond mae'r maes enfawr, gwag yn fyw yn fy nghof. Ychydig flynyddoedd ynghynt – ar 9 Mawrth, 1946 – fe laddwyd 33 o gefnogwyr ac fe anafwyd dros 500 ar yr union faes hwn mewn gêm gwpan rhwng Bolton a Stoke. Oedd, roedd Stanley Matthews yn chwarae i Stoke y diwrnod hwnnw, a dw i'n cofio i hyn ddod yn ôl i mi yn ystod y gêm.

Dw i'n cofio gorfod mynd i gasglu'r bêl i'r teras y tu ôl i'r gôl sawl tro. Doedd dim awyrgylch o gwbwl yno. Dim ond rhyw ugain oedd yn gwylio'r gêm. Swyddogion tîm Bolton oedd y rhan fwya' ohonyn nhw, mae'n debyg, ond roeddwn i'n gyfarwydd ag enw un a oedd yn gwylio, sef Nat Lofthouse – 'the Lion of Vienna' – a fu'n arwain llinell flaen Lloegr droeon.

Ymhen rhai dyddiau ar ôl y gêm mi ges wahoddiad i dreulio wythnos yn Bolton. Roeddwn i'n awyddus i fynd, wrth reswm, ond doedd fy rhieni ddim, a nhw gariodd y dydd. O edrych yn ôl, dw i'n credu mai nhw oedd yn iawn hefyd. Doedd yna ddim ffortiwn o gyflog i'w gael am gicio pêl yr adeg honno. Roedd Stanley Matthews a'r 'sêr' yn byw ar ryw £12 yr wythnos, a llai na hynny yn ystod misoedd yr ha'. Mae'n afresymol fod rhai'n cael £100,000 yr wythnos y dyddiau hyn.

Dw i'n cydnabod mai gyrfa fer yw gyrfa pêl-droediwr. O'r

miloedd sy'n cael treialon gyda'r timau proffesiynol, ychydig iawn sy'n cyrraedd y brig. Ac o gyrraedd y brig, byr iawn yw'r cyfnod ar y copa i'r mwyafrif.

Tua phum mlynedd ar ôl fy 'awr a hanner' ar Faes Burnden, roeddwn i ym mharlwr Ty'n Pwll, Bethel pan ddaeth Wembley mewn du a gwyn yn fyw i'r parlwr ar bnawn o Fai. Yn wir, roedd mwy ym mharlwr Ty'n Pwll y Sadwrn hwnnw nag oedd yn gwylio'r gêm dreial ar Burnden Park. Criw o chwarelwyr a phob un ohonyn nhw'n cefnogi Blackpool ac yn awyddus i weld Stanley Matthews yn ennill ei fedal.

Mi ges i 'freuddwyd' y pnawn hwnnw ac mi fûm i'n fy holi fy hun. Dw i wedi fy holi fy hun droeon ar ôl hynny hefyd. Petae fy rhieni wedi caniatáu i mi fynd i Bolton am yr eildro yn 1948, tybed, ia tybed, ai fi fyddai yn y gôl i Bolton yn y gêm ffeinal yn 1953? A thybed hefyd na fyddwn i wedi arbed rhai o'r goliau ac wedi llwyddo i helpu Bolton i ennill y Cwpan, gan chwalu breuddwydion fy arwr a miloedd o gefnogwyr pêl-droed drwy'r byd?

Oes, mae gen i hawl i freuddwydio fy awr fawr, yn does? Ond roeddwn i ar ben fy nigon ym mharlwr Ty'n Pwll y pnawn hwnnw yn 1953. Roedd fy arwr wedi derbyn ei wobr ac roedd dagrau o lawenydd yn llifo i lawr fy ngruddiau innau hefyd.

Gŵr o'r enw Hanson oedd yn y gôl i Bolton yn y ffeinal gofiadwy honno. Ar ddiwedd ei yrfa bu Hanson yn cadw gôl i'r Rhyl am dymor neu ddau. Ia, byr iawn ydi'r cyfnod ar y brig. Ond Stanley Matthews oedd arwr y cyfnod, ac yn y ffair gyfnewid cardiau sigaréts ar iard Ysgol Bethel ers talwm fe gaech dri cherdyn am un o Stanley Matthews.

Fo oedd y cynta' i gael yr anrhydedd o fod yn bêl-droediwr y flwyddyn, a'r cynta' i fod yn bêl-droediwr gorau Ewrop, ac yn 1965 fe gafodd ei urddo'n Farchog – y pêl-droediwr cynta' erioed i gael yr anrhydedd. Cafodd ei drosglwyddo o Stoke i Blackpool yn 1947 am ffi anhygoel o rad, £11,000, ac wedi pymtheng mlynedd efo Blackpool cafodd ei drosglwyddo yn ôl i Stoke yn 1961 am – credwch neu beidio – £2,500.

Roedd o'n llwyddo i groesi pêl yn berffaith – yr hen bêl ledr drom, efo careiau. Yn wir, roedd ei gydchwaraewr Stanley Mortensen yn honni fod y croesi mor berffaith fel nad oedd y garrai'n wynebu ei dalcen. Meddai Marchog arall, Bobby Charlton: *'His magic is hard to describe to people who never saw him. As a professional I don't use the term 'genius' lightly, but Stan was a genius.'*

Ia, fi oedd Matthews yn nhîm yr ysgol fach ers talwm, ac fe aeth y byd pêl-droed i gysgu'n dawel y nos Sadwrn honno wedi iddo ennill ei fedal.

Dw i'n cofio sefyll yn y ciw bws ar Faes Caernarfon un nos Sadwrn a Mr Matthews, ein gweinidog ni ym Methel, newydd gyhoeddi ei fod o am ymddeol. Roedd yna ddau y tu ôl i mi'n sgwrsio, ac meddai un, 'Mae hen Fatthews wedi penderfynu riteirio, sti.' 'Nefoedd,' meddai'r llall, 'be' neith Blackpool hebddo fo?' Dau ŵr yn trafod dau berson o'r un enw, a'r enw hwnnw'n eu harwain ar amrantiad i feysydd cwbwl wahanol. Fel y dywedodd y Marchog arall hwnnw o Ryd-ddu am Dic Aberdaron: 'Chware-teg . . . nid yw pawb yn gwirioni'r un fath.'

HEL RHENTI A THRETHI,
A BOB OWEN CROESOR

Wedi cael fy rhyddhau o'r Llu Awyr, doeddwn i ddim yn rhy awyddus i fynd i goleg yn syth. Yn 1949 cefais waith yn adran drethi yr hen Gyngor Gwyrfai. Gwaith digon diflas, ond cefais gwmnïaeth criw o gydweithwyr ffraeth a doniol. Yma y dois i nabod Alon Jones o Garmel.

Roedd Alon yn fardd ac wedi ennill nifer o gadeiriau mewn eisteddfodau lleol, a bu'n barod iawn ei gymorth i minnau pan oedd yr awen yn dechrau fy mhryfocio.

Fel y dywedais, hen waith diflas oedd anfon biliau trethi. Sgwennu'r cyfan, a gweithio allan y swm dyledus, cyn bod sôn am unrhyw ddyfais fodern fel compiwtar. Doeddwn i ddim yn hapus o gael fy nghaethiwo rhwng muriau swyddfa o naw tan bump er mor ddiddan a hwyliog oedd cwmnïaeth fy nghydweithwyr.

Roeddwn i'n hapusach o lawer pan gawn y cyfle i fynd allan i'r wlad i hel rhenti. Cael cyfarfod â phobol, sgyrsiau difyr a theithio hyd a lled ardaloedd Gwyrfai a oedd yn cynnwys plwyfi Llanddeiniolen, Llanrug, Llanberis, Llanwnda, Llandwrog, Waunfawr, Clynnog a Beddgelert. Fy hoff daith oedd drwy Ryd-ddu i Feddgelert ac i Nanmor, gan oedi ychydig ar lan Llyn Cwellyn i bicnica ar ddiwrnod braf.

Yn yr haf byddwn yn cychwyn yn blygeiniol, er mwyn cael gorffen yn gynnar, a manteisio ar y cyfle i fynd i Borthaethwy ambell bnawn pan ddôi'r llong yno o Lerpwl. Byddwn yn mwynhau troi i mewn i'r Liverpool Arms, a sawl tro mi gefais sgwrs ddiddorol efo un o'r bechgyn a oedd yn gweithio ar y llong. Ymhen blynyddoedd wedyn y sylweddolais i pwy oedd y brawd: neb llai na Ringo Starr, drymiwr y Beatles.

Roedd Alon a minnau'n gallu dynwared y casglwr llyfrau hynod, Bob Owen Croesor, ac fe fanteision ni ar y cyfle i dynnu coes un o'r cydweithwyr a oedd newydd gael ei benodi'n Glerc un o blwyfi Dosbarth Gwyrfai. Digwyddodd ddweud ei fod wedi llosgi nifer o hen lythyrau a dogfennau o ddyddiau cynnar y plwyf hwnnw. Awgrymais y dylai fod wedi gadael i Bob Owen gael golwg arnyn nhw. 'Too late,' oedd ei ymateb swta, 'mae'r *bonfire* wedi bod.'

Ychydig ddyddiau'n ddiweddarach, o ystafell arall, mi ddois ar y ffôn, fel Bob Owen, a gofyn am air efo clerc y cyngor plwy' arbennig yma. Dechreuais ei fflamio a'i ddwrdio'n hallt am losgi dogfennau mor bwysig. Doedd o ddim yn cael cyfle i achub ei gam, gan fod 'Bob Owen' yn taranu'n ddi-stop. Pan ddois i i'r ystafell yn ddiweddarach mi ges i fy hyd a'm lled, am agor fy hen geg wrth y dyn hel llyfrau 'na o Groesor.

Wel, fe aeth y ddrama hon ymlaen am fisoedd, yn wir, am rai blynyddoedd. Bob Owen yn ffonio'n achlysurol, weithiau i wneud ymholiadau eitha' synhwyrol, dro arall i holi'r cyfaill o gydweithiwr am ambell dŷ yn ei blwyf.

Wrth gwrs, roedd pawb yn y swyddfa'n gwybod, ac roedd y stori wedi cyrraedd Swyddfa'r Cyngor Sir a sawl swyddfa arall yn y dre', gan gynnwys swyddfa'r *Herald*. Ambell dro, wrth fynd ag arian i'r banc, mi fyddwn i'n ffonio o'r ciosg ar Faes Caernarfon, ac roedd y bobol a gerddai heibio yn sbïo'n amheus arna' i yn bytheirio'n wyllt o fewn y ciosg. Digwyddai'r Bob Owen go iawn fod yng Nghaernarfon weithiau, a byddai ein cyfaill yn ei osgoi, er nad oedd yr un o'r ddau yn adnabod ei gilydd! Drama hir o dynnu coes, a'r cyfan oherwydd i'r cyfaill ddigwydd crybwyll ei fod wedi llosgi hen ddogfennau ei gyngor plwyf.

Fe ddywedodd o wrtha' i sawl tro, ar ôl i 'Bob Owen' fod ar y ffôn, 'Pam oeddat ti isio agor dy hen geg? Os oes 'na rywun wedi achosi poendod i mi erioed, y blydi Bob Ŵan Croesor 'na ydi hwnnw!'

Gan i mi sôn am y 'Bob Owen ffug', gwell i mi sôn am y gwir Bob Owen y ces i'r fraint o'i gwmnïaeth. Mi fyddwn i'n arfer troi i mewn yn weddol gyson i siop lyfrau enwog Y Bont Bridd (siop J R Morris) yng Nghaernarfon. Mynd yno i wrando roeddwn i. Gwrando ar y cyn-Archdderwydd William Morris a Wil Cymro yn gwrthio'r cwch i'r dŵr pan ddôi Bob Owen yno i ddryllio'r delwau. Y ddau yn cychwyn dadl benboeth rhwng Bob Owen y sugnwr Wdbeins a J R Morris y smociwr dail-carn-yr-ebol.

Fe fyddai Bob yn galw yn fy nghartre' ym Methel pan fyddai'n darlithio yn y cylch. Rydw i'n cofio'i weld o acw, o flaen tanllwyth o dân, pan ddown i adre' o swyddfa Cwellyn, yn gwisgo fy slipars i ac yn siarad fel melin bupur.

Unwaith erioed y bûm i yn Eisteddfod Llangollen, a diwrnod i'w gofio oedd hwnnw. Welais i ddim o'r cystadlu. Pwy oedd yn cyrraedd y maes ar unwaith â fi ond y dewin o Groesor. Sgwrs garlamus a gwahoddiad, 'Tyd efo fi.' Roedd yna nifer o gorau o America ar faes yr Eisteddfod a dyna lle bûm i'n dilyn Bob Owen drwy'r dydd, a gwrando arno'n holi'r Americanwyr yn dwll, yn trafod eu hachau ac yn perswadio sawl un ohonyn nhw eu bod o dras Gymreig.

Mi fûm i'n aros yn ei gartre', Ael-y-bryn, yng Nghroesor unwaith. Roeddwn i'n gwneud gwaith ymchwil i hanes hen eisteddfodau ar y pryd ac wedi cerdded o Bont Aberglaslyn drwy Nanmor i Groesor. Cael croeso tywysogaidd gan Bob a'i briod Nel. Yn ystod y dydd fe gododd storm ac fe'm gorfodwyd i anfon neges o Bost Croesor i Bost Bethel i ddweud na fyddwn yn dod adre' y noson honno. A noson ddifyr oedd hi hefyd. Bob yn siarad yn ddiball, ar dop ei lais, tanllwyth o dân yn grât, a chôt pyjamas ei fab Owain Tudur ar fy nglin, a'r trowsus pyjamas ar lin Bob Owen, er mwyn gwneud yn saff fod y wisg nos yn ddiogel i'w gwisgo. Roedd gan Bob ofn tamprwydd.

Roedd y tân wedi hen ddiffodd ers oriau cyn i'r drylliwr delwau dawelu, ac i minnau wisgo pyjamas Owain Tudur a gwneud fy ffordd drwy'r parwydydd llyfrau i'r gwely yn gwmni i'r botel ddŵr poeth.

Anghofia' i mo'r bore dilynol chwaith. Llais Nel yng ngwaelod y grisiau yn holi – 'Be' gymwch chi i frecwast, Bob?' a'r ateb yn diasbedain drwy Gwm Croesor, 'Reifita!'

. . .

Tom Parry oedd y Swyddog Trethi yng Ngwyrfai, a phob blwyddyn ar ôl i ni anfon y biliau allan, gallech fentro y byddai un meddyg adnabyddus yn dod ar y ffôn i gwyno bod yna 'fistêc' yn ei fil treth o, gan ychwanegu'n eitha' ffiaidd nad oedd ganddon ni hawl i wneud mistêcs o gwbwl. Mi gofia' i Tom yn ei ateb yn frathog o gynnil, 'Wel ia, doctor, claddu'ch mistêcs chi maen nhw, yntê?'

Yn ystod fy mlynyddoedd gyda Chyngor Gwyrfai, bu tipyn o newid yn fy mywyd innau. Roeddwn i wedi dechrau cyhoeddi rhai o'm llyfrau i blant, wedi dechrau beirniadu mewn eisteddfodau lleol ac wedi ennill cadair neu ddwy. Yn 1955, fe'm penodwyd yn Glerc Cyngor Plwyf Llanddeiniolen, un o'r cynghorau gwledig mwya' yng Nghymru, a bûm yn y swydd am 46 o flynyddoedd. (Caf gyfle ymhellach i sôn am hyn ac am yr eisteddfodau).

Yn 1960, mi briodais â Myra, y nyrs a fu mor garedig wrtha' i pan oeddwn dan ei gofal ychydig flynyddoedd ynghynt yn yr hen Ysbyty C&A ym Mangor. Un o Nanmor ger Beddgelert ydi Myra, ac er iddi symud gyda'i rhieni i'r Waunfawr yn wyth oed, hogan o Nanmor ydi hi, ac mae ganddi ddau atgof diddorol am ei phlentyndod cynnar yno. Wyth o blant oedd yn Ysgol Nanmor ac mae Myra'n cofio'r wyth ohonyn nhw'n sefyll y tu allan i'r ysgol un bore i ffarwelio â Charneddog a'i briod wrth iddyn nhw ymadael yn eu henaint i Loegr bell.

Atgof arall, cwbwl wahanol, sydd ganddi ydi dilyn criw o filwyr Americanaidd a wersyllai yn Nanmor gan weiddi'r geiriau Saesneg cynta' ddysgodd hi, '*Any gum, chum?*'

Rydan ni wedi cael oes hapus a diddorol gyda'n gilydd ac wedi mwynhau iechyd ac eithrio un cyfnod go bryderus pan fu Myra yn Ysbyty Broadgreen, Lerpwl am gyfnod o dri mis yn 1971 pan gafodd glot ar yr ysgyfaint. Rydan ni wedi gweld llawer o'r hen fyd yma ac wedi crwydro i ddwsinau o eisteddfodau ledled Cymru gyda'n gilydd, a dw i'n siŵr bod Myra wedi hen ddiflasu gwrando ar fy nhipyn darlithoedd, gan iddi eu clywed nhw mor aml.

Cyn bo hir, os byw ac iach, fe fyddwn yn dathlu ein priodas aur. Do, mi fûm i'n lwcus iawn i gael yr hogan fach o Nanmor yn wraig imi.

Ia, cyfnod arbennig yn fy mywyd fu'r un mlynedd ar bymtheg a dreuliais yng ngwasanaeth Cyngor Gwyrfai. Bob hyn a hyn, roedd yna lais bach mewnol yn mynnu sibrwd wrtha' i y dylwn i wneud rhywbeth gwell na hel rhenti. Styfnig fûm i i wrando ar y llais am flynyddoedd, ond bu'n rhaid imi ildio. Yn 1965, a minnau'n 37 mlwydd oed a braidd yn hen i fod yn fyfyriwr, mi fentrais i'r Coleg Normal.

MI GEFAIS GOLEG . . .

Roeddwn i'n dal i gael amheuon ynglŷn â mentro i'r coleg. Fy oedran oedd fy mhoendod mwya'. Gŵr priod 37 mlwydd oed, tad i blentyn pum mlwydd oed, yn fyfyriwr efo rhai ychydig hŷn na hanner ei oedran. Ddylwn i fentro?

Un bore heulog yng Ngorffennaf 1965 roeddwn i wedi picio i Fangor ar frys, heb siafio na molchi'n lân iawn ac mewn siorts digon blêr. Ar amrantiad megis, mi ges alwad gan lais bach yn fy nghymell i fynd draw i'r Coleg Normal a gofyn a gawn i weld y Prifathro, gan obeithio'n dawel fach na fyddai yno ac y byddai'n rhaid i mi wneud apwyntiad.

'Eich enw?' gofynnodd y ferch yn y swyddfa. 'Arhoswch eiliad,' meddai wedyn, gan gael sgwrs fer ar y ffôn a dweud wrtha' i am fynd i fyny'r grisiau ac i'r ystafell gynta' ar y chwith. Yn grynedig iawn y dringais i'r grisiau hynny.

Treuliais tua hanner awr yng nghwmni'r Prifathro Edward Rees, a chawsom sgwrs ddifyr a chartrefol. Holodd dipyn am fy nghefndir ac am fy niddordebau, a'i eiriau wrth i mi ymadael oedd 'Rwy'n disgwyl llawer gynnoch chi pan ddowch chi yma ym mis Medi. Rydyn ni'n falch bob amser o dderbyn myfyrwyr aeddfed.' Doedd yna ddim troi'n ôl bellach.

Galwodd y Prifardd Tilsley acw ychydig ddyddiau'n ddiweddarach, gan holi 'Dwed i mi 'rhen Sel, wyt ti'n bwriadu mynd i'r Normal?' ac ychwanegu, 'Teithio ar y trên efo Edward Rees roeddwn i, a fo fu'n fy holi amdanat ti. Paid â phryderu dim, dw i wedi canu dy glodydd di i'r entrychion, a dw i'n hynod falch i ti benderfynu mynd. Pob lwc i ti, fe wnei di'n iawn.' Na, doedd dim troi'n ôl bellach.

Sôn am Tilsli. Fe fyddai'n galw ym Mryn Alun yn aml, gan fod capel Wesle pentre' Bethel o dan ei ofalaeth tra bu'n weinidog yng Nghaernarfon. Mi fyddwn innau'n galw yr un mor aml ym Mathafarn, ei gartre' yn nhre'r Cofis. Fe fydden ni'n diddanu'n hunain am oriau yn gosod tasgau i'n gilydd: ble'r oedd yr Eisteddfod Genedlaethol yn y flwyddyn a'r flwyddyn? Pwy enillodd y Gadair a'r Goron? Beth oedd y testunau? A sawl cwestiwn arall ynglŷn â'n Prifwyl. Bu'r seiadau difyr hyn o help mawr i mi'n ddiweddarach pan ges i gynnig llunio cwestiynau ar gyfer y cyfresi cwis llenyddol 'Profi'r Prifeirdd' a 'Profi'r Pethe.'

Un stori fach arall am Tilsli. Mi dreuliais i oriau difyr yn ei gwmni o a'r Parchedig John Alun Roberts pan oedd y ddau yn gweinidogaethu yn y gylchdaith yma. Tua saith o'r gloch un bore Sul, mi glywais sŵn cerrig mân yn taro ffenest y llofft. Deffro a chodi'n ofnus i'r ffenest. Yna, llais Tilsli'n treiddio trwy'r tywyllwch: "Rhen Sel, mae'n ddrwg gen i, ond rydw i mewn cythgam o drafferth, rydw i wedi mynd allan o betrol ger fferm yr Erw. Fedri di . . . ?"

Ar ei ffordd adre' o Eisteddfod y Ffermwyr Ifanc yn y Drenewydd roedd y Prifardd, ac yn gwmni iddo yn y car roedd yna wraig weddw barchus a oedd yn cael lifft adre' i Gaernarfon ganddo. Mi es â'r ddau adre' a threfnu i Tilsli gadw ei gyhoeddiad am ddeg ym Mhen-y-groes. Wrth gwrs, roedd yna destun cerdd yma, a rhaid oedd ffonio John Alun i ddweud yr hanes. Rydw i'n credu i John lunio pryddest i'r amgylchiad ac roedd Tilsli wrth ei fodd yn fy atgoffa o'r digwyddiad. Roedd John Alun yn dynnwr coes o'r radd flaena'.

· · ·

Ond yn ôl i ddyddiau coleg. Myfyriwr anaeddfed fûm i am ddwy flynedd. Na, wnes i ddim difaru o gwbwl, ac rydw i'n dal i 'nghysuro fy hun mai ateb galwad wnes i, ateb ac ildio i'r llais bach yna oedd yn mynnu sibrwd wrtha' i 'Dos i'r Normal, dos i ddysgu plant.'

Er gwaetha'r holl amheuon, mi ges i ddwy flynedd hapus iawn

yn y coleg. Cefais groeso gan fy nghydfyfyrwyr a'r darlithwyr, a theimlais yn gwbwl gartrefol yno. Yn wir, roedd hi'n edifar gen i na fuaswn wedi mentro yno ynghynt. Yr unig beth a gollais oedd cael cymryd rhan ym mywyd cymdeithasol y coleg, gan mai teithio yno'n ddyddiol a wnawn.

Yn naturiol, drwy gyfrwng y Gymraeg y gwnes fy nghwrs, gan wneud Llenyddiaeth Gymraeg fel prif gwrs, a'r Ddrama a Gwybodaeth Feiblaidd fel cyrsiau atodol. Rhaid i mi gyfadde' na ches i fawr o flas ar y darlithoedd Seicoleg, a thipyn o boendod i mi oedd ceisio sgrifennu traethodau hir a dwfn ar bwnc mor ddyrys a diflas. Dw i'n credu bod y mwyafrif o'm cydfyfyrwyr yn cael yr un profiad, fel y bu i un ohonyn nhw – Edwin Owen Hughes – wneud parodi ar 'Y Ceiliog Ffesant' R Williams Parry, ar gyfer eisteddfod y coleg:

Y TIWTOR ADDYSG
(ddim mor lliwgar â'r Ceiliog Ffesant)

Oherwydd fod Seicoleg sych
Fel cancr ar dy feddwl chwim,
A datblygiadau Addysg wych
Yn mynd a dŵad rhwng pob dim:
Peraist im ddioddef blinder cas
Mewn llawer darlith sych, ddi-ras.

Oherwydd grŵn tôn gron dy lais,
A'th drem drahaus, a'th wyneb strêt,
Mi hoffwn yma wneuthur cais
Am ddarlith ddifyr, ffab a grêt:
A chael am unwaith wir fwynhad
Gan un ga'dd goleg gan ei dad.

Y tro ola' i mi weld Edwin oedd yn Eisteddfod Powys ychydig flynyddoedd yn ôl. Fo oedd yn stiwardio yn y rhagbrofion adrodd. Roedd wedi troi ei gefn ar ddysgu ac wedi mynd i'r weinidogaeth, lle'r oedd, o bosib, angen mwy fyth o Seicoleg!

Dewi Machreth Ellis, Emrys Parry a Menai Williams oedd y darlithwyr yn y Gymraeg, a Huw Lloyd Edwards, Edwin Williams a Lyndsey Evans fu'n fy arwain i fyd y Ddrama. Ambrose Jones oedd yn dadansoddi dirgelion Gwybodaeth Feiblaidd i ni, a rhaid i mi gyfadde' i mi fwynhau'r cyrsiau yn y tri phwnc.

Difyr ac addysgiadol hefyd oedd darlithoedd unigryw y diweddar Dafydd Morris Jones (Eic) wrth ddangos sut i gyflwyno Mathemateg yn ddiddorol a chofiadwy i blant. Gwilym Arthur Jones a gafodd y dasg o'm tywys hyd lwybrau dyrys Seicoleg, llwybrau cwbl ddieithr i mi, ond cwbl allweddol i unrhyw un oedd am fod yn athro.

Un o'm cydfyfyrwyr oedd 'gŵr oedrannus' fel finnau. Un o Lanfachraeth, Ynys Môn, gyda marathon o enw – Robert John Henry Griffiths – ond sy'n fwy adnabyddus i ddilynwyr y Talwrn fel Machraeth, dyn y tei-bô ac awdur yr englyn hwnnw i'r 'Hwch' yn Eisteddfod Genedlaethol Abergwaun, 1986. Ond 'Bob' oedd o i mi, a Bob fydd o. Roedden ni'n dau'n gwneud yr un pynciau.

Sawl tro y clywais i Bob yn datgan, wrth ddadlau efo'r diweddar Gwilym Arthur Jones mewn seiat Seicoleg: 'Wyddoch chi ddim byd amdani, Mr Jones bach. Mae gen i brofiad, 'dach chi'n gweld, dw i'n ŵr priod efo pedwar o blant.' Fe fyddai rhai o'r darlithoedd sych yma yn troi'n seiadau difyr pan âi Bob ar gefn ei geffyl wrth geisio cyflwyno'i seicoleg o i'r darlithydd druan.

Cydfyfyrwyr eraill oedd Dei Tomos (y darlledwr); Dafydd Guto Ifan; Huw John Hughes (Pili Palas gynt); Gareth Lewis ('Meic Pierce' Pobol y Cwm); a John McBryde. Roedd John yn chwaraewr rygbi talentog iawn ond dim cweit cystal â'i fab, Robin, y cefais i'r fraint o'i dderbyn yn aelod anrhydeddus o Orsedd y Beirdd ym Mhrifwyl Abertawe, 2006. Sioc i'r ardal ac i'w ffrindiau fu colli John mor arswydus o sydyn, a hynny o fewn wythnos i weld Robin yn cario cleddyf yr Orsedd yn Seremoni Cyhoeddi Prifwyl Caerdydd, 2008.

Cefais ddau gyfnod o ymarfer dysgu diddorol iawn. Y cynta' yn Llanfair-pwll, Ynys Môn, gyda'r athro dosbarth Dewi Jones (Dewi

Mathafarn). Mae Dewi wedi bod, ac yn dal i fod, yn eisteddfodwr pybyr. Fo oedd Cadeirydd Pwyllgor Gwaith y Brifwyl lwyddiannus a gynhaliwyd ar yr ynys yn 1999, ac mae o hefyd wedi bod yn gefnogwr ffyddlon i eisteddfodau bach y sir drwy gydol ei oes. Cefais bob cymorth gan Ddewi, a chan fod y cyfnod ymarfer dysgu ychydig cyn eisteddfod gylch yr Urdd, mi ges y cyfrifoldeb o hyfforddi parti cydadrodd ar gyfer yr eisteddfod.

Os cofiaf yn iawn, ail wobr gafodd y parti. Er yr holl feirniadu dw i wedi'i wneud dros y blynyddoedd, dw i wedi gwrthod hyfforddi unrhyw unigolyn, am na chredwn y byddai'n deg i mi wneud hynny tra'n dal i fynd o gwmpas i feirniadu.

Yn Ysgol Llanrug y gwnes i fy ail ymarfer dysgu. Un o hogia' Bethel oedd y prifathro, sef Cledwyn Williams a fu'n blisman yn Lerpwl cyn cael ei ddenu i fyd addysg. Cefais bob cymorth gan Cledwyn hefyd; roedd o'n hynod ofalus o'i gyd-hogyn o Fethel. Dw i'n cofio Mr Harry Lloyd, darlithydd Ymarfer Corff, yn galw un prynhawn. Roedd Cledwyn wedi gweld ei gar, a daeth ata' i i ofyn a oeddwn i'n awyddus i roi gwers Ymarfer Corff? Mi fûm i'n onest, a chydnabod nad oedd gen i fawr o awydd a hithau'n bnawn mor wyntog. Cafodd Mr Lloyd groeso cwrtais gan y prifathro ond cafodd wybod hefyd na fyddai'r plant yn cael gwers Ymarfer Corff ar ddiwrnod mor oer a gwyntog.

Un da oedd Cled, a byddaf yn ei weld yn aml yn cerdded ar strydoedd Llanrug ac yntau mewn oedran teg. Hogyn Bethel ydi o o hyd.

Un o'm cydfyfyrwyr ar ymarfer dysgu yn Llanrug oedd Walter Davies, y cerddor. Bu Walter a minnau'n cydfeirniadu mewn dwsinau o eisteddfodau dros y blynyddoedd, a chawsom amser difyr iawn yng nghwmni'n gilydd. Cofiaf i ni unwaith fod yn Eisteddfod Mynydd y Cilgwyn, Carmel, a chystadleuaeth ddawnsio disgo ar y rhaglen. Doedd yna'r un beirniad swyddogol wedi ei benodi ar gyfer y gystadleuaeth, ac roedd y pwyllgor yn eitha' pryderus, nes i Walter gynnig o'r llawr: 'Fe wnawn ni'n dau, ac fe gaiff Selwyn draddodi.'

Ac fe wnaethom hynny, er mawr ddifyrrwch i'r gynulleidfa. Wrth gwrs, fe ddefnyddiais dermau technegol o fyd dawnsio disgo nad oedden nhw'n bod, ac roedd y dawnswyr wedi synnu at fy ngwybodaeth, a'r gynulleidfa'n gwerthfawrogi'r hwyl.

YN ÔL I'R YSGOL

Do, fe aeth y ddwy flynedd yn y Normal heibio'n sydyn iawn ac ym mis Medi 1967 dechreuais ar fy swydd gynta' fel athro yn Ysgol Cadnant, Conwy. Cefais y teimlad, ar ôl i mi fod mewn gofal dosbarth am fis, fy mod i wedi dysgu mwy am gymwysterau a chyfrifoldeb athro nag a wnes i yn ystod fy nwy flynedd yn y Coleg Normal. Yr un teimlad yn union a gefais ar ôl pasio fy mhrawf gyrru car, sef magu mwy o hyder o fewn ychydig ddyddiau nag a wnes i yn ystod misoedd o wersi.

Ifor Wyn Williams (y Prif Lenor yn ddiweddarach) oedd fy mhrifathro yn Ysgol Cadnant, Conwy ac mi gefais bob cymorth ganddo i fwrw fy mhrentisiaeth. Roedd ganddo ddisgyblaeth lem ond disgyblaeth deg. Roedd prydlondeb yn bwysig ganddo, a'r gloch yn galw i'r union eiliad.

Mi fûm yn 'ddisgybl' yn Ysgol Cadnant ar y dechrau. Eisteddwn ambell fore mewn desg yn y dosbarth i ddysgu'r grefft o ysgrifennu mewn llawysgrifen italig. Roedd pob plentyn yn gorfod gwneud hyn, fel bod gwaith ysgrifenedig pawb mewn llawysgrifen italig. Efallai na fyddai rhai yn cytuno â hyn, gan fod llawysgrifen pob unigolyn yn rhan o'i bersonoliaeth. Ond chefais i fawr o drafferth i ddysgu'r grefft ac, yn sicr, fe wnaeth les i mi gan mai llawysgrifen draed brain fu gen i erioed.

Rhoddodd Ifor y cyfrifoldeb arna' i i drefnu eisteddfod ar ddydd Gŵyl Ddewi, ac fe gafwyd eisteddfod lwyddiannus iawn, a'r ysgol wedi ei rhannu yn dai. Cefais gyfle hefyd i hyfforddi tîm pêl-droed yr ysgol, a chael tymhorau llwyddiannus yn erbyn ysgolion Llandudno a'r cylch.

Roedd o'n syndod i mi mai ail-iaith oedd y Gymraeg i'r mwyafrif o blant Conwy, ac roedd hi'n dipyn o sialens i ddysgu Cymraeg iddyn nhw. Teimlwn mai i ychydig iawn o'r plant hyn y byddai'r Gymraeg yn iaith fyw naturiol. Saesneg oedd iaith yr iard ar amser chwarae, ac os ydi plant yn chwarae yn Saesneg, yna dydi'r Gymraeg ddim yn iaith fyw iddyn nhw. Yn anffodus, mae hyn yn wir am nifer o'n hysgolion ni, a hynny hyd yn oed yn ein hardaloedd Cymreiciaf. Cymraeg ydi iaith y dosbarth, ond Saesneg ydi iaith y chwarae a'r cymdeithasu. Mae hyn yn hollol groes i fel roedd hi yn nyddiau'r 'Welsh Not'.

Y drefn bob awr ginio fyddai llowcio bwyd yn sydyn, ac i'r iard i gicio pêl. Wrth gwrs, fi oedd y golwr a'r Prifathro, ac Alun Roberts (prifathro Ysgol y Gelli, Caernarfon wedyn) yn pledu'r bêl o bob cyfeiriad ata' i, a chic mul gan y ddau. Y tri ohonon ni'n mwynhau ein hunain, heb os, ond am un o'r gloch fe ganai'r gloch yn brydlon, ac Alun a minnau'n chwys diferol yn gorfod mynd yn syth i'n dosbarthiadau, tra gallai'r Prifathro ymlacio a dadflino ym moethusrwydd ei ystafell. Oedd, roedd yna fanteision o fod yn brifathro.

Cadeirydd Rheolwyr Ysgol Cadnant oedd y ficer, sef y Prifardd Griffith John Roberts a enillodd y Goron yn Eisteddfod Genedlaethol Bae Colwyn, 1947. Byddai'n fy nghyfarch bob amser, nid gyda 'Sut mae'r awen?' ond 'Sut mae'r farddas?'

Do, mi dreuliais i bedair blynedd hapus iawn yng Nghonwy yng nghwmni'r plant, fy nghydathrawon a'r rhieni.

. . .

Roedd hi'n braf cael dod yn nes adre' ac i awyrgylch cwbwl wahanol yn Ysgol Pen-y-bryn, Bethesda. Teimlad o ryddhad oedd cael y cyfle i ddysgu dosbarth o Gymry Cymraeg.

Yma, medrwn gyflwyno barddoniaeth i'r plant, a chyflwyno pob gwers trwy gyfrwng y Gymraeg. Pleser oedd cael darllen rhannau o *Un Nos Ola Leuad* iddyn nhw a chael ymateb boddhaol. Mi wnes i hyn ym mhob un o'r ysgolion y bûm yn dysgu ynddyn nhw (ac eithrio Conwy). Yn wir, os oedd y plant braidd yn swnllyd ar brydiau, doedd raid gwneud dim ond bygwth: 'Os na fyddwch chi'n gweithio'n dawelach, fydda i ddim yn darllen *Un Nos Ola Leuad* i chi pnawn 'ma'. Tawelwch yn syth.

Plant o ysgolion cynradd y dyffryn fyddai'n cyflwyno'r ddawns flodau yn Eisteddfod Dyffryn Ogwen bob blwyddyn – pob ysgol yn cael cyfle yn eu tro. Pan ddaeth y cyfle i blant fy nosbarth i, mi benderfynais gynnig am y gadair. Wnes i, fodd bynnag, ddim cynnwys fy enw priodol yn yr amlen, gan y gwyddwn y byddwn i yn yr eisteddfod, ennill neu beidio. Y diweddar Barchedig John Glyn Hughes oedd yr Ysgrifennydd ac roedd ei briod, Phyllis, yn cydweithio efo fi yn Ysgol Pen-y-bryn. Fel y digwyddodd, fe ddyfarnwyd fy nhipyn cerdd yn deilwng o'r gadair. Pan agorodd John yr amlen i gael enw'r bardd buddugol, fe gafodd sioc. Amlen wag oedd hi. Dyna banic. Cefais alwad ffôn i ofyn ai fi oedd o. Gwadais.

Bore drannoeth yn yr ysgol, roedd Phyllis yn llawn pryder ac, o ddiffyg gwybodaeth am y bardd buddugol, roedd y pwyllgor yn awyddus i gadeirio'r ail yn y gystadleuaeth. Cyn diwedd y dydd, mi gyfaddefais yn gyfrinachol wrth Phyllis. Byth er hynny, mae yna reol mewn print bras yn nhestunau Eisteddfod Dyffryn Ogwen, sef nad anfonir y gwaith at y beirniaid oni cheir enw llawn a chyfeiriad yr awdur o fewn i'r amlen. Sawl gwaith y bu'r hen gyfaill John Glyn Hughes yn f'atgoffa o'r drafferth a achosais iddo.

Ym mhob un o'r ysgolion y bûm i ynddyn nhw fe ddywedwyd rhai pethau sydd wedi aros yn fy nghof. Dyna ichi Sharon yn dod i'r ysgol un bore gan ladd ei hun yn crio. 'Be' sy', Sharon bach – wyt ti'n sâl? Wedi brifo?' Na, na, ond dal i grio. Cael eglurhad: 'Dydi'n cath ni ddim yn yfed llefrith, Syr.' Paid â chrio, meddwn, ac awgrymu ei bod yn cynnig dŵr, Bovril, te neu Horlicks. Mi awgrymais bopeth ond roedd y dagrau'n dal i lifo. O'r diwedd, gofynnais, 'Wyt ti wedi trio cwrw iddi hi?' 'Naddo,' meddai Sharon, 'nid cath gwrw ydi hi, ond cath fanw.'

Diolch am naturioldeb a diniweidrwydd plentyn.

• • •

79

Er mai cwta dair blynedd y bûm i'n dysgu yn Ysgol Dolbadarn, Llanberis, rhaid dweud iddo fod yn gyfnod cynhyrchiol iawn i mi cyn belled ag roedd cyfansoddi cerddi i blant yn bod.

Roedd yno adran yr Urdd lewyrchus iawn, a'r côr, o dan arweiniad Eirlys Pierce, yn llwyddo'n gyson yn eisteddfodau'r mudiad. Hefyd, fe wnaeth Côr Plant Llanbêr record yn ystod y cyfnod hwn. Yn Nolbadarn mi ges y cyfle i ddysgu fy mhwnc, sef Cymraeg. Pob dosbarth yn dod ata' i i gael gwersi Cymraeg, ac roedd hyn yn brofiad arbennig i mi ac i'r plant.

Roedd Llanberis yn lle prysur iawn yn y Saith Degau gan fod y gwaith o adeiladu Gorsaf Bŵer Dinorwig yng nghrombil yr hen chwarel yn mynd ymlaen. Dyma'r adeg y lluniais i'r cerddi ar y testun 'Bro' a enillodd gadair eisteddfod fawr Pontrhydfendigaid i mi yn 1978. Oedd, roedd rhywbeth yn awyrgylch Llanbêr a fynnai ysgogi'r awen.

Un bore barugog, dw i'n cofio gofyn i'r dosbarth, 'Be' ydi barrug?' Pawb yn fud, ac yna un llaw fach yn codi'n araf. Gwen, y ferch fach fwya' swil yn y dosbarth. Prin y byddai Gwen yn dweud yr un gair drwy'r tymor. 'Ia, Gwen,' meddwn, 'be' ydi barrug?' Daeth yr ateb mewn llais tawel, 'Gwair yn crio, Syr.' O gael ateb mor annisgwyl, yn hytrach na'i dderbyn a dweud 'da iawn', mi es gam ymhellach. 'Ia, Gwen, gwair yn crio, ond pam roedd o'n crio?' 'Am 'i bod hi'n oer yn y bore, Syr,' oedd yr ateb. I mi, roedd hwnna'n farddoniaeth a dw i'n fwy na pharod i gydnabod fod pob plentyn, ar ryw gyfnod yn ei fywyd, yn fardd. Petae o ddim ond am eiliad fer. R Williams Parry ddywedodd '. . . gwyn fyd y bardd ni roes heibio, pan aeth yn ŵr, lefaru a deall a meddwl fel bachgen.' Fo hefyd ddywedodd mai creadur twp, hanner pan ydi bardd – 'dyn mewn oed gydag ymennydd plentyn'.

Ac i mi, y bore oer, barugog hwnnw yn Ysgol Dolbadarn, Llanberis, roedd Gwen yn fardd.

Yma hefyd y cefais i berl arall, cwbl wahanol, gan Nigel. Rhoi gwers yr oeddwn i ar y gerdd 'Gwenoliaid' a gofyn i'r dosbarth roi gair arall am 'ehedeg' gan ddisgwyl cael 'fflio' neu 'hedfan'. Cyn i

mi orffen gofyn, bron, dyma ateb gan Nigel: 'Cur pen, Syr.'
'Cur pen, be' wyt ti'n feddwl?' 'Hedec, Syr, cur pen, roedd Mam
yn cwyno neithiwr efo coblyn o hedec.' Wel, fedrwn i ddim gwrthod
y cyfle; yn sicr, roedd yma destun darn adrodd i blant.

CUR PEN

'Gwrandewch blant,' meddai'r athro,
'Pwy fedar roddi i mi
Air arall am ehedeg,
Wel rŵan, dowch da chi?'

Edrychodd pawb mewn syndod
Ond Wili bach Tŷ Pen,
A bloeddio wnaeth – 'gair arall Syr
Am "hedeg" yw cur pen.'

'Cur pen?' medd Jones y sgwlyn,
'Cur pen ddywedaist ti?
Gair arall am ehedeg,
Dyna ofynnais i.'

'Ia siŵr, mi wn i hynny,'
Medd Wili bach Tŷ Pen;
Roedd Mami bron â drysu ddoe
'Fo "hedec", Syr – cur pen.'

Do, mi dreuliais i gyfnod hapus iawn yn Llanberis ac, ym mis Mai
1977, dechreuais ar fy swydd fel Prifathro Ysgol Rhiwlas. Roeddwn
i bellach yn byw ac yn gweithio ym mhlwy' Llanddeiniolen.

• • •

Y peth cynta' a sylweddolais yn Rhiwlas oedd fod yr un broblem â
Chonwy yn fy wynebu. Roedd amryw o fewnfudwyr wedi dod i'r
ardal, gyda'r canlyniad mai dysgwyr oedd nifer helaeth o'r plant,
ac ambell riant ddim yn rhy awyddus i'w plant gael y cyfle i
ddysgu Cymraeg.

Roedd hi'n frwydr galed, a doeddwn i ddim yn boblogaidd iawn efo rhai o'r rhieni am fy mod i bob amser yn achub ar y cyfle i gael y plant i siarad Cymraeg wrth chwarae ac wrth giniawa. Do, bu'n frwydr galed, a hynny mewn pentre' gwledig ym mhlwy' Llanddeiniolen, pentre' roeddwn i'n wastad yn ei ystyried yn bentre' Cymreig. Roeddwn i'n hynod ddiolchgar i'r ddiweddar Mrs Eluned Ellis Jones, Trefnydd Iaith Gwynedd, am y gefnogaeth a gefais ganddi yn ystod y cyfnod anodd hwn.

Calondid i mi, fodd bynnag, oedd i un wraig a fu, ar y dechrau, yn gwrthwynebu fy awydd i gadw Cymreictod yr ysgol, ddod ata' i pan oeddwn ar fin ymddeol gan ddiolch imi am sicrhau fod ei dau blentyn yn ffarwelio ag Ysgol Rhiwlas yn rhugl ddwyieithog.

Yn ystod fy naw mlynedd yno mi geisiais ennyn diddordeb y plant mewn barddoniaeth ac yn enwedig englynion. Bob wythnos, gosodwn englyn ar y wal – englyn a fyddai'n ddealladwy i'r plant. Yna, ddiwedd y mis, gofyn iddyn nhw ddewis y gorau o'r pedwar englyn drwy bleidleisio. Wedyn, fe fyddai'r englyn 'buddugol' yn aros ar y wal, ac yn cario ymlaen i gystadleuaeth y mis dilynol. Mi wnes hyn am un tymor bob blwyddyn, gyda'r canlyniad fod y plant wedi cael cyfle i ddysgu englynion fel 'Y Gorwel', 'Y Ci Defaid', 'Llwybr Troed', 'Y Bargod' a 'Y Nyth', a sawl englyn dealladwy arall.

Fe gaem hwyl hefyd o lunio cynganeddion llusg syml yn cynnwys enwau llefydd, megis 'Anti Nel o Bwllheli', 'Prynu dol ym Mae Colwyn', a 'Dweud y drefn yn Llangefni'.

Roedd yna gymeriadau yn Ysgol Rhiwlas fel yn yr ysgolion eraill. Robin Wyn yn gofyn un diwrnod, 'Be' ydi'r gair Cymraeg am sosej, Syr?' 'Selsig', meddwn i, a dyna Anwen yn ymateb yn syth, 'Roeddwn i'n meddwl mai tîm ffwtbol yn Sgotland oedd selsig.'

Fel arfer yn ystod y cyfnod ola' ar bnawn Gwener, mi fyddwn i'n gadael i'r plant gario ymlaen â'u diddordebau, er mwyn i mi gael cyfle i gwblhau'r gwaith gweinyddol. Dw i'n cofio Robin Wyn (eto) yn torri ar y distawrwydd un pnawn Gwener. 'Syr,' medda fo, 'sut mae'r pry' yna,' gan bwyntio at y pry', 'wedi medru cerdded i fyny'r

wal yna, ac ar draws y to, ac i lawr yr ochor arall, heb syrthio?'
Rŵan, mae'n bwysig i athro fedru ateb cwestiwn, ond . . .

'Dyna ichi gwestiwn da,' meddwn, 'a da iawn ti, Robin Wyn, am sylwi ar y pry' yna'n gwneud y gamp. Rŵan blant, dw i am i chi holi dros y penwythnos yma – holi dad a mam, taid a nain, pobol drws nesa', rhywun – sut mae'r pry' bach yna'n gallu cerdded ar hyd y nenfwd heb syrthio. Dyna'ch gwaith cartre' chi dros y penwythnos, ac fe gewch fynd adre' bum munud yn gynt i chi gael dechrau holi.'

Bore Llun, mi ges atebion amrywiol – y pry' wedi bod mewn pot jam a'i draed o'n stici. Un arall yn awgrymu mai wedi croesi'r ffordd roedd o ac wedi cael col-tar ar ei draed. Yn ystod y penwythnos, bûm innau'n pendroni sut i egluro campau'r pry' mewn ffordd wahanol a difyr, gobeithio, a chyflwyno ychydig ddaearyddiaeth yr un pryd:

DIPYN O BRY'

Rwy'n methu â deall
Sut mae pry'
Yn gallu cerdded
Ar nenfwd y tŷ,
Ac aros yno
Am hanner awr,
Heb flino o gwbwl
Â'i ben i lawr.

Mi glywais fod pobol
Sy' 'mhen draw'r byd
Yn cerdded â'u pennau
I lawr o hyd;
A dyna sy'n gwneud
I mi gredu yn gry'
Mai o Awstralia
Y daw pob pry'.

Unwaith erioed y mentrais i geisio gwneud llun ar y bwrdd du. Roeddwn wedi adrodd stori Gelert, ci Llywelyn, stori y mae pob athro ysgol gynradd wedi'i chyflwyno rywdro, reit siŵr. Mi benderfynais wneud llun o Gelert ar y bwrdd du i gwblhau'r wers. Ar ôl bod wrthi drwy gydol yr awr ginio, yr ymateb cynta' a gefais gan un bachgen oedd, 'Mae gynnoch chi lun buwch ryfedd iawn ar y bwrdd du, Syr.' O ydyn, mae plant yn gallu bod yn onest – yn greulon o onest – ambell dro.

Ar ben y cyfrifoldeb o fod yn brifathro yn Rhiwlas, roeddwn i hefyd yn dysgu pedwar dosbarth o oedran gwahanol, a nifer ohonyn nhw, fel yr eglurais, yn ddysgwyr. Yn anffodus, yn ystod fy mlwyddyn ola' yno, fe benderfynodd yr undeb (UCAC) ein bod fel athrawon yn gwrthod cymryd y cyfrifoldeb o weithio yn ystod awr ginio. Canlyniad hyn oedd i mi gael fy ngorfodi i anfon y plant adre' dros yr awr ginio, a chadw draw o'r ysgol fy hunan. Roedd hyn, yn naturiol, yn drafferthus i mi, ac yn fwy trafferthus i'r rhieni. Yn wir, mewn ysgol fach wledig roedd hi'n sefyllfa gwbwl amhosib, ac roedd ceisio rhedeg ysgol yn y cyfnod hwn yn fwy o boendod nag o bleser. Deallais hefyd nad oedd pob aelod yn dilyn penderfyniad yr undeb, ac mewn ysgolion mawr lle'r oedd yna aelodau o wahanol undebau, roedd hi'n bosib cario ymlaen fel arfer, a sicrhau fod y plant yn cael cinio. Ond roedd hyn yn amhosib yn Rhiwlas gan fod y tri ohonon ni oedd ar y staff yn aelodau o UCAC.

Mi flinais ar y sefyllfa ac mi ymddiswyddais o'r undeb, fel y gallai'r plant gael cinio ysgol. Wrth gwrs, roeddwn i'n sylweddoli fy mod ar dir peryglus, sef bod yn athro ysgol heb fod yn aelod o undeb. Bu hyn yn rhannol gyfrifol am i mi wneud cais i gael ymddeol yn gynnar. Fyddwn i ddim yn segur oherwydd, ar y pryd, roeddwn i'n gwneud gwaith achlysurol i HTV fel llunio cwestiynau ar gyfer y rhaglen 'Siôn a Siân', a gwaith ymchwil ar gyfer rhaglenni eraill. Roeddwn i'n dal i fod yn Glerc i Gyngor Plwy' Llanddeiniolen. Ond efallai mai'r prif reswm i mi ymddeol yn gynnar oedd i mi gael y cyfle i deithio'r byd, cyn mynd yn rhy hen a musgrell.

Mi ges gwmnïaeth plant mewn pedair ysgol wahanol am gyfnod o ddeunaw mlynedd, a dw i wedi cydnabod sawl tro bod fy nyled yn fawr iddyn nhw. Ar ddiwedd tymor yr haf 1986, ffarweliais â byd addysg, ac mae fy nghydwybod yn dawel na ddychwelais i ddysgu ar ôl cael fy mhensiwn.

CLERC Y CYNGOR PLWY'

Llwyfan ydi Sir Fôn i weld gogoniant Sir Gaernarfon, medden nhw. Os ydech chi am weld plwy' Llanddeiniolen i gyd y llwyfan ydi'r Clegir ym mhlwy' Llanrug.

Fe gewch gip ar bob pentre' ym mhlwy' Llanddeiniolen o'r Clegir. Fe welwch chi Bethel, Brynrefail, Deiniolen, Dinorwig a Phenisa'r-waun ac, o sefyll ar flaenau eich traed, fe gewch gip ar ran o bentre' Rhiwlas hefyd.

Mae plwy' Llanddeiniolen yn un o'r rhai mwya' yng Nghymru a chan fod yma gymaint o bentrefi mae o hefyd yn un o'r rhai anodda' i'w weinyddu. Mae o'n ymestyn o gopa'r Elidir bron iawn at lannau'r Fenai.

Yn 1894 y ffurfiwyd y Cynghorau Plwyf. Bellach, mae'r teitl wedi'i newid i fod yn Gyngor Cymuned. Ond rydw i'n dal yn hen ffasiwn ac fel y Cyngor Plwy' y bydda' i'n cyfeirio ato, ac felly y bydd hi bellach. Dw i yr un mor hen ffasiwn wrth fynd o steddfod i steddfod: mynd i feirniadu 'adrodd' fydda' i yn hytrach na mynd i feirniadu 'llefaru'.

Roedd y cynghorau sir wedi cael eu sefydlu yn 1888 ac roedd Tom Ellis, Aelod Seneddol Meirion, yn ffyddiog y byddai'r ail o'r deddfau mawr, sef sefydlu'r cynghorau plwy', yn arwain at y drydedd ddeddf, a fyddai'n rhoi i Gymru Gynulliad Cenedlaethol.

Gyda llaw, y gwas sifil a oedd yn gyfrifol am lywio'r Mesur Llywodraeth Leol yn 1894 (sef Ysgrifennydd y Comisiwn Llywodraeth) oedd Syr Hugh Owen. Ia, mab y Syr Hugh hwnnw y codwyd cerflun ohono ar Faes Caernarfon, ac a roes ei enw i'r ysgol lle ces i'r mwynhad o chwarae pêl-droed ynddi cyn meddwl am fod yn glerc i unrhyw gyngor plwy'.

Un o benderfyniadau cynta' Cyngor Plwy' Llanddeiniolen ar

3 Ionawr, 1895 oedd: 'Bod cofnodion a holl weithgarwch y cyngor i gael eu hysgrifennu a'u trafod yn yr iaith Gymraeg.' Diolch i'r drefn, fe barhaodd hyn hyd y dydd heddiw; ac ar 6 Mai, 1992 fe gyflwynwyd polisi iaith i sylw'r cyngor, ac fe'i derbyniwyd.

Ym mis Gorffennaf 1955 y dechreuais i ar fy swydd fel clerc. Y cyflog oedd £70 y flwyddyn. Ym Mryn Alun, Bethel roeddwn i'n byw ar y pryd a phan gyrhaeddodd y llwyth ffeiliau a'r llyfrau a'r cypyrddau, mi ges i dipyn o sioc. Mewn tŷ teras tair llofft, sut yn y byd mawr roeddwn i'n mynd i gael lle i'r holl bethau?

Wel, bu'n ofynnol i mi adeiladu swyddfa ym mhen draw'r ardd, ar fy nghost fy hun, fel y byddai gen i ystafell addas i wneud y gwaith. Pan symudais i Grud yr Awen, Bethel bu'n rhaid i mi godi ystafell ychwanegol yno hefyd. Wedi symud yma i Benisa'r-waun doedd gen i ddim problem, gan fod y tŷ'n hen ddigon mawr.

Mae pethau wedi newid llawer ers 1955. Efo beic yr awn i'r cyfarfodydd cynta' a hynny yn y Gynghorfa, Groeslon Racca tua phedair milltir o Fethel. Mi fyddwn i'n cario'r holl ohebiaeth mewn hen fag miwsig, gan gynnwys y llyfr cofnodion anferth a oedd yr un faint, a'r un bwysau, â'r Beibl mawr teuluol. Roedd hynny'n dipyn o straen ar noson boeth yn yr haf, ond roedd yn fwy o straen ar noson wyntog, lawog, aeafol.

Bryd hynny roedd y cynghorwyr yn cerdded i gyfarfodydd y Cyngor, rhai ohonyn nhw ar ôl diwrnod caled o waith yn Chwarel Dinorwig, a rhai o gynrychiolwyr Rhiwlas wedi diwrnod yr un mor galed yn Chwarel y Penrhyn. Roedd Hugh Parry a Siôn Jones yn cerdded dros Gaermynydd o Riwlas i'r cyfarfodydd – taith o tua chwe milltir. Chwarelwyr oedd yr holl aelodau a phob un ohonyn nhw wedi diosg eu trowsusau melfaréd a'r sgidiau hoelion mawr ac yn mynychu'r Cyngor mewn siwtiau parchus.

Er yr anfanteision a'r anhwylustod teithio, roedd y cyfnod cynnar hwnnw yn un o'r rhai hapusaf yn hanes y Cyngor ac fe fu'n addysg i glerc ifanc, dibrofiad. Criw o chwarelwyr diwylliedig oedden nhw, y teip y sonia W J Gruffydd amdanyn nhw yn ei *Hen Atgofion* gan ddatgan y rhoddai '. . . unrhyw beth am gael rhai o'r rhain yn fy nosbarthiadau yn y Brifysgol.' Roedd ganddyn nhw'r ddawn i siarad heb wastraffu geiriau. Yn wir, ni fyddai'r un ohonyn nhw'n mynd rownd Bethesda i gyrraedd Bethel, na rownd Bangor i gyrraedd Brynrefail. Ceid trafodaethau a dadleuon o safon, mewn Cymraeg graenus.

Weithiau, fe âi ambell un dros ben llestri ac fe glywid iaith go liwgar yn atseinio drwy'r Gynghorfa. Cofiaf un gweinidog parchus ac un rheithor yn aelodau o'r Cyngor ond hyd yn oed wedyn doedd yna ddim atal ar y diawlio os byddai angen ansoddair go gry'. Byr ac i bwrpas oedd y cyfraniadau. Doedd chwarelwyr blinedig ddim am ddod i wastraffu amser ar ôl diwrnod caled o waith. Ar nos Wener y bydden ni'n cyfarfod bryd hynny, a lampau olew fyddai'n goleuo'r Gynghorfa.

Mi fyddwn i'n ysgrifennu pob llythyr mewn llawysgrifen. Rhwng yr hen Gyngor Gwyrfai (lle roeddwn i'n gweithio ar y pryd), yr hen Gyngor Sir a Stad y Faenol y byddai'r rhan fwyaf o'r ohebiaeth, a hynny, coeliwch neu beidio, yn Saesneg gan amlaf.

Gofynnwyd i mi sawl tro beth oedd y prif newidiadau dros yr hanner can mlynedd diwetha'. Wel, mae dau beth yn sicr: cau Chwarel Dinorwig a chwalu Stad y Faenol. Mae yna golled, o bosib, fod y chwarel wedi cau. Mae yna le i ddiolch hefyd. Ac, yn sicr, mae lle i lawenhau fod Stad y Faenol wedi diflannu. Bellach, mae gan glerc Cyngor Plwy' Llanddeinolen deipiadur, ffôn, cyfrifiadur a llun-gopïwr ar gyfer ei waith, ac mae'r postman yn galw bob dydd efo pentwr o lythyrau iddo, reit siŵr, fel y gwnaeth o i minnau dros y blynyddoedd. Mae'r holl weithgarwch a'r datblygiadau a newidiodd batrwm byw'r ardaloedd yma wedi digwydd o fewn ffiniau plwy' Llanddeinolen – yr Orsaf Drydan, yr Amgueddfa Lechi a Lein Bach Llyn Padarn.

Does yna'r un cynghorydd yn derbyn ceiniog am ei wasanaeth, dim hyd yn oed gostau teithio i'r Cyngor. Mae gen i'r parch mwya' i gynghorwyr cymuned a phan fydda' i'n cael trafferth i gysgu ambell noson mi fydda' i'n trïo cofio faint o gynghorwyr y cefais i'r fraint o gydweithio efo nhw. Oes mae yna dros 150 ohonyn nhw ac, rydw i'n falch o gael dweud, fe ddangosodd cyfran helaeth o'r rhain y parch mwya' tuag ata' innau hefyd. Yn wir, roedd hi'n bleser cael cydweithio efo nhw.

• • •

Dros y blynyddoedd, dw i wedi cael pleser o ddarllen hen gofnodion y Cyngor. Mi fydda' i'n hoffi'r diffiniad Saesneg hwn o gofnodion:
'*Minutes should be like a pretty girl's dress – short enough to cover the subject and interesting and long enough to cover the main essentials.*'

Dyma gofnod o'r cyfarfod cynta' un a gynhaliwyd yn Hen Ysgol Tan-y-coed, Penisa'r-waun, ar 3 Ionawr, 1895, pryd y gwnaed y penderfyniad pwysig: 'Bod holl weithrediadau Cyngor Plwy' Llan-ddeiniolen i'w hysgrifennu a'u trafod yn yr iaith Gymraeg.' Penderfynwyd hefyd:

1. *Fod yn rhaid i aelod pan yn siarad sefyll a chyfarch y Cadeirydd;*

2. *Bydd yn ofynnol i Aelod pan yn siarad gyfyngu ei sylwadau yn llwyr i'r mater dan sylw;*

3. *Ni chaniateir i Aelod annerch y Cyngor ar unrhyw fater fwy na dwywaith, heb ganiatâd y Cadeirydd.*

Yn anffodus, mae rhai o'r rheolau wedi mynd yn angof, ond mae Cyngor Cymuned Llanddeiniolen yn dechrau pob cyfarfod â gweddi a does yna neb yn smocio yn y cyfarfodydd.

Cofnod o Gyngor Plwy' Llanddeiniolen a gynhaliwyd yn y Llyfrgell, Deiniolen ar 24 Mai, 1965:
'*Terfynwyd y Cyngor drwy i'r Parchedig E T Jones (Ficer Llandinorwig) offrymu gweddi ar ran y glöwyr a'u teuluoedd, yn dilyn y ddamwain erchyll a ddigwyddodd yn ystod y dydd yng Nglofa Cambrian ger Tonypandy. Safodd yr holl aelodau mewn cydymdeimlad â'r teuluoedd yn awr eu galar, a phenderfynwyd i ddechrau pob cyfarfod o'r Cyngor yn y dyfodol drwy weddi.*'

Mi wn fod y Senedd a Chyngor Gwynedd yn dechrau drwy

weddi, ac fe fyddai'r hen Gyngor Gwyrfai yn gwneud hynny hefyd. Ys gwn i faint o gynghorau cymuned Cymru sy'n dechrau eu cyfarfodydd drwy offrymu gweddi?

Fel y cyfeiriais, ysgrifennu'r holl gofnodion fyddwn i ar y dechrau, fel y gwnaeth cyn-glercod y Cyngor. (Hyd y gwela' i, dim ond rhyw chwe chlerc sydd wedi gwasanaethu'r Cyngor ers ei sefydlu yn 1894). Ysgrifennu'r holl lythyrau fyddwn i hefyd – doedd yna ddim teipiadur ym meddiant y Cyngor pan ddechreuais i ar y gwaith yn 1955. Ar achlysur dathlu ei ganmlwyddiant yn 1994 fe brynodd y Cyngor bresant iddo'i hun, sef prosesydd geiriau a llun-gopïwr, a diolchais amdanyn nhw. Cofiwch chi, roedd y Cyngor wedi sylweddoli ei bod hi'n angenrheidiol i'r Clerc gael teleffon mor bell yn ôl â 1962. Dyma'r cofnod yng Ngorffennaf y flwyddyn honno:

'Awgrymodd nifer o'r aelodau mai buddiol fyddai i'r Clerc gael teleffon yn ei gartref, gan y byddai hyn yn fanteisiol iawn i'r Cynghorwyr a'r cyhoedd ddod i gysylltiad ag ef. Cytunwyd i'r Clerc wneud ymholiadau.'

Yn y cyfarfod dilynol ar 10 Medi, 1962:

'Yn unol â phenderfyniad y cyfarfod blaenorol – i'r Clerc wneud ymholiadau ynglŷn â'r gost o gael teleffon, eglurodd y Clerc mai £10 fyddai'r gost o'i osod, ynghyd â £3 y chwarter o rent. Roedd y Cyngor yn unfrydol y byddai'r cyfryw yn hwylustod iddynt, a phenderfynwyd i'r Clerc symud ymlaen i sicrhau cael ffôn.'

Cofnod diddorol ydi'r un dan y pennawd 'Ysmygu' ym Mawrth 1962, yn enwedig gan fod y Ddeddf Atal Ysmygu mewn grym bellach:

'Awgrymodd Mr Ellis Jordan, Bethel, y dylai'r Cyngor ddileu ysmygu yn eu cyfarfodydd. Cafwyd gwelliant – sef fod hawl i'w gael i ysmygu pibell. Yr oedd Hugh Parry, Rhiwlas, yn bendant o'r farn y dylai pawb a oedd yn rowlio ei sigarets ei hun gael mwynhau smôc yn ystod cyfarfodydd y Cyngor. Wedi trafodaeth a phawb yn cydymdeimlo â phenbleth y Cadeirydd, daeth y mater "llosgawl" hwn i ben heb iddo gael ei 'ddiffodd' na'i "danio".'

Ym Mawrth 1912 cofnodwyd:

'Tynnwyd sylw at garedigrwydd Syr G Assheton Smith, Y Faenol, yn taflu ei blanigfeydd coed yn agored i'r plwyfolion i fyned i geisio tanwydd yn ystod y dirwasgiad a'r prinder glo. Cytunwyd fod y Cyngor yn anfon gair o ddiolchgarwch iddo am ei haelioni.'

Cynhaliwyd cyfarfod fy ymddeoliad yn y Bistro, Llanberis, nos Wener, 18 Mai, 2001, ac fe gyflwynwyd anrheg o gloc llechen i mi gyda'r geiriau hyn arno: 'Mewn gwerthfawrogiad o'i waith fel Clerc i Gyngor Cymuned Llanddeiniolen 1955-2001'.

Y BUSNES CYSTADLU 'MA

Tri prif ddiddordeb fu gen i erioed, sef pêl-droed, crwydro'r byd a steddfota.

Dw i'n cofio'r Eisteddfod Genedlaethol gynta' i mi ymweld â hi. Saith oed oeddwn i pan gefais fynd efo Mam i'r Pafiliwn mawr yng Nghaernarfon yn 1935. Mae gen i gof plentyn o weld Gwilym R Jones yn cael ei goroni a Gwyndaf, y bardd ieuenga' hyd yn hyn, yn eistedd yn y gadair. Pan ddechreuais i ennill gwobrwyon mewn eisteddfodau lleol, byddai Mam yn fy atgoffa fy mod wedi dweud wrthi ar ôl Prifwyl Caernarfon 1935, 'Mam, dw i isio bod yn fardd.'

Efallai bod y ffaith i mi gael fy ngeni a'm magu ym Methel yn gyfrifol am wneud steddfodwr ohona' i. Fel y crybwyllais eisoes, yma y sefydlodd Rhys J Huws Eisteddfod y Plant pan ddaeth yma'n weinidog yn 1896.

Y peth mwya' arbennig ynglŷn ag Eisteddfod y Plant oedd mai'r plant a wnâi'r gwaith i gyd ac eithrio'r beirniadu, ac arferai Rhys J Huws sicrhau prif lenorion a cherddorion y wlad yno i feirniadu. 'Ynadon' oedd yr enw a roddid ar y beirniaid, a 'Bonwr' a 'Bonesig' oedd pob Mr a Miss yn yr ŵyl. Coronid a chadeirid pobol ifanc a dodid plant hefyd i arwain y corau, ac o dipyn i beth fe gerddodd y sôn ledled Cymru am Eisteddfod y Plant.

Efallai y dylwn egluro nad am farddoni y cynigid cadair a choron yr eisteddfod, ond yn hytrach am ateb cwestiynau ar weithiau beirdd neu lenorion fel Dafydd ap Gwilym, Goronwy Owen, Ceiriog; hynny yw, ffrwyth gwaith y dosbarthiadau a gynhelid gan Rhys J Huws drwy'r gaeaf. Fel hyn y daeth to ar ôl to o blant Bethel i ddeall cyfrinach cynghanedd ac i wybod darnau o waith y prifeirdd ar eu cof. Roedd y diweddar Ffowc Williams, Llandudno, yn cofio dysgu 'Cywydd y Farn Fawr' Goronwy Owen i gyd ar ei gof un flwyddyn, a pha gynghanedd oedd ym mhob llinell, ac yntau ond tua deuddeg oed.

Arferid cynnal yr eisteddfod tua Gŵyl Ddewi, ar nos Wener a phnawn a nos Sadwrn, ond byddai'r rhaglen wedi ei pharatoi ymhell cyn hynny, tua mis Medi.

Hugh Griffith (cefnder i W J Gruffydd) oedd enillydd y gadair yn yr eisteddfod gynta', ac mae'r gadair i'w gweld yng nghyntedd capel yr Annibynwyr Bethel. Gyda llaw, y gadair gynta' i Cynan ei hennill oedd un Eisteddfod y Plant ym Methesda pan symudodd Rhys J Huws yno yn weinidog.

Mae gen i gof am eisteddfod 'fawreddog gadeiriol' a gynhaliwyd yng Nghapel Bethel am wythnos gyfan. Yr ysgrifennydd gweithgar oedd W C Thomas (Wili Siwsi i drigolion Bethel). Roedd o'n drefnwr arbennig. Pob sedd yn y capel wedi ei rhifo, yn union fel yn y Genedlaethol. Byddai W C Thomas bob amser yn trefnu i gynnal yr eisteddfod pan fyddai'r lleuad yn llawn. Gwell gobaith, yn ei dyb ef, o gael tywydd braf. Roedd o'n aelod o Orsedd y Beirdd gyda'r enw barddol 'Gwilym Bethel'. Fo oedd trefnydd yr Ŵyl Gerdd Dant gynta', sef yn Y Felinheli, 1946. Bu hefyd yn ysgrifennydd gweithgar Eisteddfod Lewis' Lerpwl am flynyddoedd. Oes, yn sicr, mae yna draddodiad eisteddfodol i bentre' Bethel, ac yn eisteddfod y pentre' y cefais i'r awydd i ddechrau cystadlu.

Mewn eisteddfod Ffermwyr Ifanc ym Mhen-y-groes y cefais i'r ysbrydoliaeth gynta' i ddal ati i brydyddu a hynny o dan feirniadaeth Ifor Bowen Griffith. Na, fûm i erioed yn ffermwr nac yn fab i ffermwr, ond mi fûm i'n ifanc, ac roedd bod yn aelod o Glwb Ffermwyr Ifanc Caernarfon yn esgus da i grwydro a chael tipyn o hwyl, yn ogystal â chael ambell gariad. Y dasg oedd gwneud parodi ar 'Cyfarch y Llinos', Eifion Wyn. Rydw i'n dal i gofio'r 'campwaith' a blesiodd IB:

CYFARCH Y CATHOD

Mewiai giaman yn gariadus
Neithiwr ar ben wal yr ardd,
Giaman arall rhwng y rhesi
Ddaeth i ddrysu cwsg y bardd;
Beth mor flin â chwynion cathod
Pan yn hedd y gwely clyd,
Beth mor flêr ag ôl eu crafu
Pan fo'r ardd yn flodau i gyd?

Ewch, o feirdd, i wrando'r cathod
Ond na thorrwch ar eu stŵr,
Peidiwch drysu'r hwyl diniwed
Drwy eu gwlychu gyda dŵr;
Ffrindiau bach, pebaech yn gwybod
Fel gall cathod garu'r gwyll,
Gwn na thaflech garreg atynt,
Gwn na dd'wedech eiriau hyll.

Roedd yna eisteddfodau cadeiriol ym mhob pentre' ar un cyfnod, a phob capel, bron iawn, yn cynnal eisteddfod. Roedd tair eisteddfod yn Llanberis; does yna'r un yno heddiw. Yn eisteddfod Capel Gorffwysfa, Llanberis, yr enillais fy nghoron gynta'. Ia, coron ges i gynta', a choron oedd fy ngwobr eisteddfodol ola' hefyd. Anghofia' i byth y noson honno. R E Jones (Prifathro Llanberis ar y pryd) oedd y beirniad. Dw i ddim yn cofio un gair o'r feirniadaeth, nac un llinell o'r gerdd, ond mi gofia' i'r seremoni tra bydda' i.

Y beirniad adrodd oedd Llwyd o'r Bryn a fo, wrth reswm, oedd yr Archdderwydd. Dw i'n cofio'r 'r' yn taranu drwy'r capel wrth iddo fy nghoroni – 'Mi fydde'n bechod i ni dorri'r pen hardd 'ma i ffwrdd efo'r cleddyf mawr 'ma, yn bydde?' Dydi Capel Gorffwysfa ddim yno bellach ond bob tro y bydda' i'n mynd heibio'r fan mi fydda' i'n cofio am y coroni arbennig hwnnw.

Ar ôl cael un fuddugoliaeth roedd yna awydd i ennill mwy. A

bod yn onest, roedd hi'n ffordd rad o ddodrefnu'r tŷ. Y drefn mewn sawl eisteddfod leol oedd cynnig cadair esmwyth i'r beirdd. Roeddwn i'n cael croeso gan Myra o ennill dwy neu dair cadair, ond doedd hi ddim mor hapus pan oedd y tŷ'n llenwi efo cadeiriau esmwyth o bob lliw a siâp.

A dweud y gwir, doedd hi'n fawr o gamp llenwi'r tŷ â chadeiriau, ac yn aml iawn yr un gerdd yn ennill dwy neu dair o gadeiriau, ar wahanol destunau, o dan wahanol feirniaid. Dw i'n sylwi, o feirniadu mewn eisteddfodau lleol, fod egin-feirdd heddiw yn gyfarwydd â'r ffordd hon o ennill mwy nag un gadair hefyd. Ond, roedd yna rai eisteddfodau lle temtid un i gystadlu oherwydd y gwobrau ariannol a gynigid. £25 am delyneg yn Eisteddfod Pontrhydfendigaid – swm aruthrol. Yr un swm o arian am ddarn adrodd i blant, ac roedd y wobr ariannol am ennill y gadair neu'r goron yno yn fwy na'r Genedlaethol ar un cyfnod.

Mae yna ambell atgof am ennill cadeiriau lleol yn aros yn y cof. Anghofio mynd i Eisteddfod Mynydd y Cilgwyn, Carmel, er i mi dderbyn llythyr i fynd yno. Roedd hi'n ddiwrnod ffeinal Cwpan Lloegr, ac roeddwn wedi mynd i Langefni i dŷ'r Prifardd Rolant o Fôn i wylio'r gêm. Anghofiais y cyfan am eisteddfod Carmel. 'Winning bard absent' oedd pennawd y *Daily Post* fore Llun.

Enillais gadair dderw gerfiedig (dyna'r disgrifiad) o dan feirniadaeth Harri Gwynn yn Eisteddfod Gorffwysfa, Llanberis, a chan fod Harri yn byw yn Llanrug ar y pryd, priodol oedd i'r gadair honno gael cartre' yn Ysgol Brynrefail, Llanrug lle caiff ei defnyddio ar gyfer seremonïau'r cadeirio yn eisteddfod yr ysgol. Fe rannwyd y rhan fwya' o'r cadeiriau esmwyth i aelodau o'r teulu a ffrindiau ond mae cadeiriau Pontrhydfendigaid, Llanymddyfri a Lerpwl yn cael eu parchu ar fy aelwyd, ynghyd â choron Llanbedr Pont Steffan a choron Eisteddfod Genedlaethol Dyffryn Conwy, 1989.

Y tro cynta' i mi gynnig am y Goron Genedlaethol oedd yn 1961 yn Nyffryn Maelor. Ailwampio ychydig o gerddi llwyddiannus yr eisteddfodau lleol wnes i, ac roeddwn i'n nes i'r gwaelod nag i'r brig, er i Euros Bowen awgrymu fy mod i'n 'ŵr dawnus yn traethu am "ffoadur" [dyna oedd y testun] afradlon yn alegorïaidd. Ond mae'n dueddol i swagro gormod wrth gatalogio ei ffaeleddau ac, at ei gilydd, mae'n rhoi'r argraff ei fod yn trafod haniaeth yn hytrach na phrofiad gwir real.'

Bardd yr un mor ddiog oeddwn i pan anfonais gerddi wedi eu clytio ar gyfer cystadlauaeth y goron ym mhrifwyliau Y Bala 1967, a Bangor 1971, er i T Glynne Davies fod mor garedig â'm gosod ymhlith y deg a oedd yn deilwng o'r goron ym Mangor.

Y tro cynta' i mi fynd ati o ddifri' i lunio cerdd gwbwl newydd ar gyfer y Genedlaethol oedd yn 1973 ac roedd fy mhryddest ar y testun 'Y Dref' ymysg y goreuon. Cafodd y gerdd hon dderbyniad da gan adroddwyr a chan gorau adrodd, a bu detholiad ohoni yn ddarn prawf yn y Brifwyl ac yn yr Ŵyl Gerdd Dant. Anfonais gerddi (gweddol newydd) i Eisteddfod Wrecsam a'r Cylch yn 1977 ac fe ddringais i'r ail ddosbarth. Y flwyddyn ddilynol, fe enillodd rhai o'r cerddi hyn gadair Eisteddfod Pontrhydfendigaid i mi, gyda gwobr ariannol a oedd yn fwy nag un yr Eisteddfod Genedlaethol ar y pryd.

Wnes i ddim cystadlu wedyn tan 1985 yn Y Rhyl – 'Y Glannau' – pryd yr oedd un o'r beirniaid mor garedig â rhoi anrhydedd y dosbarth cynta' i mi. Yn 1988, testun y goron oedd 'Y Ffin'. Cefais y clwy' ailwampio unwaith eto ac anfonais 'Y Glannau' Rhyl, efo ychydig iawn o newidiadau, i Eisteddfod Casnewydd, ac fe ddaeth yn agos iawn i'r brig. A55 oedd fy ffugenw, gan fy mod yn cyfeirio at y ffordd arbennig hon fel neidr wenwynig a oedd yn denu drwgweithredwyr a throseddwyr o Lannau Mersi i bentrefi gogledd Cymru. Yr awgrym oedd bod y ffin rhwng Cymru a Lloegr wedi ei chwalu.

Cefais fy lambastio'n hallt gan y diweddar Syr Harry Livermore, bargyfreithiwr a chyn-faer Lerpwl. (Y fo, gyda llaw, a fu'n amddiffyn cefnogwyr Lerpwl ar ôl trychineb Heysel). Do, mi gefais fy mhardduo ganddo, a bu trafodaethau yn y wasg ac ar radio Mersi ynglŷn â'r bryddest. Pan glywodd John Kennedy, DJ ar

Radio City, Lerpwl, am y gerdd fe wylltiodd yn gacwn gan fy nghyhuddo o sarhau miloedd o drigolion Lerpwl a Glannau Mersi sy'n heidio i ogledd Cymru ers blynyddoedd.

'*Absolute garbage,*' oedd ei sylw, ac fe ychwanegodd Syr Harry Livermore – '*This fellow must be out of his mind. I don't know why people are always blaming Liverpool. It's a pretty disgraceful thing to say.*'

Do, fe gafodd y bryddest a anfonais i Brifwyl Casnewydd fwy o sylw yn y wasg na'r un gerdd arall a sgrifennais erioed. Erbyn heddiw, gwireddwyd fy mhroffwydoliaeth fwy byth. Yn anffodus.

Y flwyddyn ddilynol, roedd y Brifwyl yn Llanrwst ac eisteddfod hynod oedd honno. Eisteddfod i'w chofio.

CORON LLANRWST 1989

Roedd testun y goron yn Eisteddfod Genedlaethol Dyffryn Conwy a'r Cyffiniau 1989 yn apelio, yn enwedig o sylwi fod dau o'r tri beirniad yn gefnogwyr selog i'r bêl-droed. Fel arfer mae'n cymryd cryn amser i mi gyfansoddi cerdd hir, ond fe luniais y cerddi 'Arwyr' yn weddol rwydd (rhy rwydd, o bosib).

Gan fy mod yn mynd ar un o'm teithiau, mi es â'r cerddi yn bersonol i Swyddfa'r Eisteddfod yn Llanrwst yn gynnar ym mis Mawrth. Roeddwn i'n gweithio gyda HTV yn Yr Wyddgrug ar y gyfres cwis Profi'r Pethe ym mis Mehefin 1989, a thra yno fe'm gwahoddwyd i wneud adroddiadau o'r Babell Lên yn Eisteddfod Genedlaethol Llanrwst. Derbyniais y gwahoddiad gan egluro wrth y cynhyrchydd y byddai'n ofynnol i mi drafod y trefniadau gydag Elfed Roberts, y Trefnydd, gan fy mod i ar banel y beirniaid adrodd yn yr eisteddfod honno.

A dyna pam y bu i mi ffonio Elfed ar fore'r nawfed o Fehefin, i ofyn am ei gydweithrediad ynglŷn â'r beirniadu a gweithio yn y Babell Lên. Adnabu Elfed fy llais: 'O, chdi sy' yna. Yli, rwyt ti wedi achosi dipyn o drafferth i mi, rydw i wedi gorfod newid taflen amser y rhagbrofion adrodd i gyd. Dydw i ddim isio i ti ymddangos ar y llwyfan i draddodi tan ddydd Mercher.'

Doeddwn i ddim wedi dweud fy neges wrtho, ac mi driais roi fy mhwt i mewn ond i ddim pwrpas. 'Yli,' meddai'r Trefnydd, 'mae 'na lythyr go bwysig ar y ffordd i ti. Llongyfarchiadau, a chau dy geg.'

'Ond . . .' meddwn i. Roedd y ffôn yn fud. Eisteddais yn ddiffrwyth hollol yn fy sioc, a dechreuais grio – ia, 'crio run fath â taflyd i fyny'.

Hel meddyliau. Methu coelio. Breuddwyd ydi'r cyfan. Be' dd'wedai Nhad a Mam? Be' dd'wedai fy hen gyfaill ffyddlon, Alun

Pierce, Tremadog a fu'n cydeisteddfota â mi ers dros hanner canrif? Alun wedi'n gadael ers mis Chwefror. Oedden, roedden ni wedi trefnu i aros efo'n gilydd yn Llanrwst hefyd. Fyddai o ddim efo fi 'leni, o bob blwyddyn. Dal i fwynhau crio. Dal i sychu dagrau. Nefoedd fawr, mae yna ddau fis tan yr Eisteddfod.

Cofio'n sydyn fy mod i'n mynd i 'Merica wythnos nesa'. Dd'weda' i wrth Myra pan ddaw hi adre' ai peidio? Sut d'weda' i wrthi? Uwchben bedd Nhad a Mam ym mynwent Llanddeiniolen y pnawn hwnnw y d'wedais i wrth Myra. Rocdd gen i gerddi i Nhad a Mam yn y gyfres 'Arwyr'. Onid ydi ei rieni o yn arwyr i bob plentyn?

'Rydw i isio i ti gofio am y foment hon,' meddwn i wrth Myra. 'Mae coron Llanrwst yn dod i mi.'

Doedd hithau ddim yn coelio, ond mae hi'n dal i gofio'r foment a doedd y wefr o gychwyn i America ddim yn bwysig bellach. Mi gedwais ddyddiadur.

Dydd Sul, 11 Mehefin, 1989: Mynd i'r oedfa i Fethel. Deg oedd yno. Llun Mr Matthews ar wal y festri. Fo ydi un o'r 'arwyr'. Fo oedd arwr Mam. Mynd adre' heibio i fy hen gartre'. Syllu ar arwydd Parc y Wern yn hanner cuddio mewn mieri. Fy ffugenw yn Llanrwst. Gall arwydd gadw cyfrinach. Yn y prynhawn, Myra a minnau'n mynd am dro o gwmpas yr hen ardal. Heibio i Boncan Sipsiwn a Choed y Gwyndy. Sylwi ar y mieri yn tagu 'hen drac rêl y Santa Fé'. Doedd yna fawr o ddŵr yn Afon Tyddyn Bach heddiw, a dydi Parc y Wern ddim yn Wembley bellach. Roedd yna blant yn chwarae o gwmpas y Neuadd Goffa – chwarae yn Saesneg.

Dydd Mercher, 14 Mehefin: Mae dau fis bron tan y Steddfod. Pryd ca' i'r llythyr swyddogol? Cha' i fawr o wefr o'i agor o bellach. Twt, rhaid cychwyn ar y daith i America heddiw. Mi ga' i anghofio am y Steddfod am sbel. Tybed?

Dydd Sadwrn, 17 Mehefin: Pasio'r Yankee Stadium. Yma y bu Tommy Farr yn bocsio yn erbyn y cawr croenddu, Joe Louis.

Bocswyr oedd arwyr Nhad, ac roedd o'n bendant o'r farn mai Farr enillodd. Anghofio am y Steddfod? – A minnau'n sôn am y ffeit yn y cerddi. Rydw i'n cofio codi i wrando arni yn oriau mân y bore. Dallt dim – yn Saesneg roedden nhw'n cwffio. Mae'r ffeit honno yn sied Ysgol Bethel yn fyw yn y cof hefyd – fi oedd Joe Louis a Huw Cefn Rhyd oedd Tommy Farr, ac mi ges i a fy wyneb blac-led gythraul o gweir yn y ffeit honno. Do, fe enillodd Tommy Farr! Pwy fyddai'n meddwl y byddwn i yma o flaen yr Yankee Stadium yn breuddwydio am Eisteddfod Llanrwst? Ia, breuddwydio rydw i. Tyrd, Myra, fe awn ni i ben yr Empire State Building i weld New York yn fôr o sêr odanon ni.

Dydd Mawrth, 4 Gorffennaf: Derbyniais y llythyr pwysig y bore yma. Llythyr y bûm i'n breuddwydio am ei dderbyn ers rhai blynyddoedd bellach. Oni bai fy mod i'n gwybod y gyfrinach ers tua mis, fe fyddai hwn wedi bod yn fore dagreuol hefyd. Na, dim gwefr, dim cyffro. Dim ond cadarnhad a sicrwydd y bydda' i'n gwisgo'r goron yn Llanrwst. Roedd gen i ddau ddymuniad petawn i'n ddigon lwcus i ennill y goron rhyw ddydd, sef cael fy nghoroni mewn tref fechan yn y Gogledd, a chael diwrnod heulog. Ys gwn i a fydd yr haul yn gwenu ar Awst yr wythfed? Gobeithio.

Mis i fynd. Mae ambell bysgotwr yn dechrau plycio. 'Ddaw'r goron 'leni?' 'Roeddat ti'n agos llynadd.' Finna'n ateb yn swta, 'Dw i'n beirniadu adrodd 'leni, dach chi'n gweld.' Dim mwy. Dim llai. Un o'r pysgotwyr ffyddlon yn ffonio. Pete Goginan (y diweddar, erbyn hyn). Sgwrsio, holi am tua awr ar y ffôn. Oedd, roedd yna sibrydion. Dyna i chi 'sgotwr steddfod oedd Pete Goginan. Dyna i chi dditectif. Ond mi lwyddais i balu c'lwydda' wrth yr hen Bete hefyd. Heddwch i'w lwch o.

Tair wythnos i fynd. Rydw i'n gweithio yn stiwdio HTV yn yr Wyddgrug. Oes, mae yna holi, holi gormod. Gwell i mi wasgaru sibrydion. 'Dw i wedi clywed mai merch sy'n cipio'r goron eleni, wel, cerddi i arwyr o ferched sy'n ennill beth bynnag. Diddorol 'te?

Pwy fydd hi, tybed?' Do, fe heuwyd yr had ac fe ledaenwyd y stori. Rydw i wedi derbyn tri thocyn. Un i Myra ac un i Euron. Mi eistedda' i yn y canol rhyngddyn nhw ar y diwrnod mawr. Bloc C, Rhes FF, Sedd 13. 13? Anlwcus? Choelia' i fawr. Ydw, rydw i'n dal i balu c'lwydda'.

Pythefnos/wythnos i fynd. Rwy'n dechrau simsanu braidd. Difaru f'enaid fy mod i wedi cytuno i feirniadu adrodd. Roeddwn i wedi trefnu efo Elfed i mi gael trio'r 'het' tu ôl i ddrws cloëdig ei swyddfa. Doeddwn i ddim am wisgo het rhy fychan a'r byd â'i lygaid arna' i. Roedd hi'n ffitio'n berffaith. Wel, fe ddylai het gwerth £2,500 ffitio'n berffaith, a sgleinio hefyd.

Dydd Llun, 7 Awst: Fy nghyd-feirniad, Geraint Lloyd Owen, a minnau'n gwrando ar 35 o blant yn adrodd. Teimlwn yn rêl cachgi yn cadw'r gyfrinach oddi wrth Geraint. Mi ges i fy nhemtio, ond dd'wedais i'r un gair, dim ond canolbwyntio ar y gystadleuaeth. Am resymau personol, bu'n ofynnol i mi draddodi hefyd, a sgwennu beirniadaethau drwy'r pnawn. O diar, petawn i'n gwybod, fyddwn i ddim wedi derbyn y cyfrifoldeb o feirniadu. Ond fory ddaw, ac mae'n addo tywydd braf.

Dydd Mawrth, 8 Awst: Codi cyn cŵn Llanrwst, ac mae'n fore godidog. Rhagbrawf partïon adrodd am 8.30. Pafiliwn am 11.30. Dweud celwydd wrth fy nghyd-feirniad, Delyth Mai Nicholas, a gofyn am faddeuant na fyddwn i yn y Pafiliwn i wrando arni'n traddodi ar ein rhan. Rhai o'm ffrindiau ym mhabell HTV wedi synnu gweld Euron yn yr Eisteddfod.

Mae'n nesu at ddau o'r gloch. Mae'r Orsedd ar y Maes. Damia, ble mae 'nhiced i? Ras i'r lle chwech unwaith eto. Biti i mi roi'r gorau i smocio. Sleifio'n llwynogaidd i sedd 13. Mae Myra ac Euron yno'n barod. Mae'n uffernol o boeth.

2.30. Corn gwlad (hogia' Deiniolen). Gorymdaith. Teimlo iasau ym mêr fy esgyrn i. Nefoedd, dydi'r Celtiaid yma'n siarad yn hir? Oes gen i amser i bicio i'r tŷ bach? No we. Bedwyr yn traddodi. Nesta heb gael ei phlesio, ond Bedwyr a John Gruffydd Jones wedi cael yr un profiadau â fi yn eu plentyndod, ac yn gweld teilyngdod yn y tipyn cerddi. Bendith arnyn nhw. Corn gwlad. Codi, ar ôl cyfri' i chwech. Cusan i Myra. Cyrchu. Clapio. Cyhoeddi. Coroni, a'r Archdderwydd Emrys Deudraeth yn tawelu fy nerfau ac yn sibrwd wrtha' i 'Enjoia dy hun'. Ac mi wnes.

Gorymdeithio i'r Babell Lên. 'Mae yna syrpreis i ti,' meddai Elfed. Roedd Arwel Hogia'r Wyddfa yno i roi gair o groeso imi. Y cythraul yn gwybod y gyfrinach ers dyddiau, a minnau'n sgwrsio am yr Eisteddfod efo fo ychydig ddyddiau ynghynt. Do, fe gadwon ni'r gyfrinach oddi wrth ein gilydd hefyd. Ond roedd pawb yn glên ac roedd yr haul yn gwenu ac roedd y goron yn ffitio'n berffaith. Mae Gwyn Thomas yn dweud perffaith wir: 'Dydi arwyr ddim yn marw / Ddim pan ydych chi'n naw oed.'

Hwn oedd diwrnod mwya' cofiadwy fy mywyd i.

Fuodd o erioed yn uchelgais gen i fod yn Archdderwydd, ond roedd o'n uchelgais gen i ennill coron yr Eisteddfod Genedlaethol. Cafwyd nifer o gyfarfodydd i ddathlu'r amgylchiad ym mhentrefi Bethel a Phenisa'r-waun. Cefais hefyd wahoddiad i de parti yn fy hen ysgol ym Methel. Cynhaliwyd cyfarfod croeso arbennig yn Ysgol Brynrefail, Llanrug pan fu pob ysgol gynradd ym Mro'r *Eco* yn cymryd rhan, yn ogystal â Band Deiniolen a Hogia'r Wyddfa. Ia, noson i'w chofio, a mawr fy niolch i'r trefnwyr.

Ond mae yna un seremoni arall na fedra' i mo'i hanghofio ac fe ddigwyddodd honno yn ystod wythnos yr eisteddfod. Y cyfaill Dafydd Glyn o Gricieth oedd cynlluniwr y seremoni, ac roedd yntau wedi'i dderbyn yn aelod anrhydeddus o'r Orsedd yr wythnos honno am ei wasanaeth fel stiward dros y blynyddoedd. Anghofia' i byth ei gwmnïaeth yn ystod yr wythnos. Roedd o'n rhannu gwesty efo fi ac roedd o'n ofalus iawn ohona' i, chwarae teg iddo.

Mae'n wir i mi fynd drwy seremoni liwgar a chofiadwy ar y pnawn Mawrth, ond doedd y seremoni honno o flaen y miloedd yn ddim i'r coroni a ddaeth i'm rhan nos Iau'r ŵyl mewn pabell enfawr ar gyrion Llanrwst, ar achlysur swper blynyddol stiwardiaid yr Eisteddfod. Rhaid oedd i mi fynd. Ac, i dynnu coes Dafydd Glyn, mi dd'wedais na fyddwn i'n mynd ar gyfyl y lle oni bai fod carped coch ar lawr i'm disgwyl.

Feddyliais i erioed y byddai yna un ond pan gyrhaeddais y babell wledda, roedd yno garped coch hir a thrwchus. Peidiwch â gofyn o ble daeth o, ond mae gen i syniad go dda pwy fu'n gyfrifol, sef yr un brawd ag a fu'n gyfrifol am fy nghoroni'n ddiweddarach y noson honno o dan frwsh llawr anferth yn hytrach na'r cleddyf traddodiadol. A wyddoch chi be'? Synnwn i ddim na wnes i fwynhau'r seremoni hwyrol honno yn well na'r seremoni swyddogol bnawn Mawrth!

Ond, er yr holl ddathlu a'r llawenydd, fe ddaeth cwmwl o dristwch annisgwyl cyn diwedd yr wythnos pan fu farw tad Myra. Profiad cymysglyd oedd derbyn cynifer o gardiau llongyfarch a chardiau cydymdeimlo yr un pryd.

Y BUSNES BEIRNIADU 'MA

Dw i'n falch i mi gadw dyddiaduron a llyfrau sgrap drwy gydol fy oes. Dw i'n falch i mi hefyd gadw llyfr sy'n nodi pob eisteddfod y bûm i'n beirniadu ynddi erioed, ynghyd ag enwau fy nghydfeirniaid ac, os oedd hi'n eisteddfod gadeiriol, pwy enillodd y gadair. Os byw ac iach, fe fydd yr eisteddfod nesa' i mi feirniadu ynddi yn rhif 430.

Mae'r rhif yma yn fy nychryn o gofio bod dros hanner canrif wedi mynd heibio ers i mi ddechrau beirniadu. Dw i wedi gwneud sỳm syml. Deg cystadleuaeth ym mhob eisteddfod – 4,300 o gystadlaethau. Dywedwch fod yna ddeg cystadleuydd ar gyfartaledd ym mhob cystadleuaeth, dyna i chi 43,000 o gystadleuwyr. Bobol bach, bûm yn gwrando ar gymaint ag sy'n mynd i Anfield ar bnawn Sadwrn. Faint ohonyn nhw gafodd gam gen i, ys gwn i?

Ond, meddech chi, chewch chi ddim deg cystadleuydd ym mhob cystadleuaeth. Digon gwir. Ond dw i'n cofio cael 80 mewn cystadleuaeth yn un o eisteddfodau cylch yr Urdd unwaith, a sawl tro mi fûm i'n gwrando ar fwy na 25 yng nghystadlaethau'r Urdd, felly mae deg yn gyfartaledd eitha' cywir.

Dw i'n cofio beirniadu am y tro cynta', yma ym mhentre' Penisa'r-waun. Tua 25 oed oeddwn i, newydd gyhoeddi fy llyfr cynta' o ddarnau adrodd i blant ac wedi ennill cadair neu ddwy mewn eisteddfodau lleol. Rhai yn dechrau meddwl: 'Os ydi hwn yn fardd, mi wneith feirniad adrodd hefyd.' Dydi hynny ddim yn wir bob tro. Cofio mynd ar gefn fy meic o Fethel i Benisa'r-waun ar noson loergan braf. Bu bron iawn i mi â throi'n ôl sawl tro ar y daith fer o ddwy filltir. Rhyw hen lais bach pryfoclyd yn gofyn 'Pa hawl sy gen ti i feirniadu plant?' Dw i wedi diolch sawl tro am i mi anwybyddu'r alwad i droi'n ôl, ac mi ddiolchais droeon i'r diweddar Humphrey Williams am fy nghymell i fynd yno.

Dw i wedi bod yn berson nerfus o flaen cynulleidfa erioed, ac mae amryw wedi dweud wrtha' i na fyddwn ar fy ngorau oni bai fy mod ychydig yn nerfus. Dw i'n cofio teimlo'n bur nerfus wrth feirniadu yng nghapel Seilo, Caernarfon yn y dyddiau cynnar, oherwydd bod y gweinidog a'r Archdderwydd William Morris yno ac yntau'n feirniad cenedlaethol. Roeddwn i'n teimlo'n llawer mwy hyderus ar ôl iddo ddod ata' i ar y diwedd a dweud ei fod o'n cytuno â fi ym mhob cystadleuaeth – os oedd o neu beidio. Un arall a fyddai'n fwy na pharod â'i geiriau caredig fyddai'r ddiweddar Elen Roger Jones yn eisteddfodau Marian-glas, lle bûm i'n beirniadu amryw o weithiau.

Dw i'n cofio cael gwahoddiad am y tro cynta' i feirniadu yn un o eisteddfodau cylch yr Urdd. Mi eglurais i'r ysgrifenyddes mai newyddian oeddwn i i'r byd beirniadu ac na theimlwn yn ddigon profiadol i ymgymryd â'r cyfrifoldeb. Ei hymateb oedd: 'Twt lol, dowch yn eich blaen. Dydi hi ddim yn bwysig, steddfod gylch ydi hi.' I mi, eisteddfod gylch yr Urdd ydi'r bwysica' ar ysgol eisteddfodol y mudiad. Fe ellwch yn hawdd gael dros hanner cant o blant mewn un gystadleuaeth, a disgwylir i chi ddewis tri i ddod i'r llwyfan. Sawl tro wrth feirniadu yn eisteddfodau cylch yr Urdd yr ydw i wedi teimlo y carwn i gael gwrando ar tua hanner dwsin ohonyn nhw am yr eildro cyn dod i benderfyniad terfynol. Ond, mae hynny'n gwbwl amhosib mewn eisteddfod gylch gan fod yr un rhai'n cystadlu ym mhob cystadleuaeth.

Mae'r ffaith i mi deithio i gymaint o eisteddfodau yn dwyn yn ôl atgofion. Dw i wedi cyrraedd adre' yn oriau mân bore Sul sawl tro. Dw i'n cofio mynd ar goll unwaith yng nghwmni fy nghydfeirniad ar y noson, sef Haf Morris. Roedd hi wedi torri ei braich, ac wedi gofyn i mi ei chodi yng Ngherrigydrudion ar ein ffordd i Eisteddfod Llansannan. Iawn, dim problem. Fodd bynnag, pan gychwynnon ni am adre' yn oriau mân y Sul, a'r niwl yn drwchus, mi gymerais y tro anghywir, a chael ein hunain ar lôn gul yng nghanol

Hiraethog. Mae Haf yn dal i'm hatgoffa am y noson anturus honno.

Un o'r beirniaid cerdd y cefais i'r fraint o gydfeirniadu ag o amlaf oedd y diweddar T Gwynn Jones. Cefais gwmni Gwynn hefyd ar sawl taith, gan gynnwys un o amgylch y byd, yn ogystal ag ym mhwyllgorau a seremonïau'r Orsedd. Mwy am Gwynn eto. T J Williams, Llanrwst a Walter Davies, Amlwch ydi dau arall y cefais eu cwmni sawl tro.

Roedd mwy'n cystadlu ar y Prif Adroddiad ar un cyfnod, ac yn aml iawn y ddau a ddôi i'r brig oedd Madge Huws a Leslie Williams, y ddau o Ynys Môn. Madge, yn amlach na pheidio, yn cyflwyno darnau o waith Kate Roberts, a Leslie â'i ddawn arbennig yn ein diddanu â straeon Harri Parri. Roedd hi'n anodd dewis rhyngddyn nhw ac roeddwn i'n cael yr un broblem ym mhob eisteddfod. Bellach, waeth i mi gyfadde' ddim: os oedd Madge yn ennill mewn un eisteddfod, yna mi wnawn fy ngorau i wobrwyo Leslie y tro wedyn. Ac roedd y ddau, wrth gwrs, yn haeddu'r wobr gynta' ym mhob un o eisteddfodau'r cyfnod cynnar hwnnw pan oeddwn i'n bwrw fy mhrentisiaeth fel beirniad.

Roedd yna gystadleuaeth adrodd i rai dros hanner cant oed mewn nifer o eisteddfodau yn Sir Gaernarfon. Dau adroddwr ffyddlon fyddai William Williams (Llwyn) o ardal Pistyll, a Wil Parsal o Drefor. Dau ddarn fyddai gan Llwyn, sef 'Merched y Tir' a 'Weindio'r Hen Gloc'. Darnau mewn llyfr a oedd yn glytiau o selotêp. Byddai Wil Parsal yn adrodd darnau o'i waith ei hun ac, yn amlach na pheidio, yn anghofio, gyda'r canlyniad y byddai Llwyn yn ennill. Fe fyddai Llwyn yn hoff iawn o roi paced Polo Mints ar fy mwrdd wrth wneud ei ffordd i'r llwyfan ac, yn naturiol, wrth ddraddodi'r feirniadaeth, mi fyddwn yn tynnu sylw'r gynulleidfa at y 'breib'. Roedd Llwyn yn ganwr hefyd. Canwr unigryw.

Dw i ddim yn credu bod yna griw mwy ffyddlon wedi crwydro eisteddfodau Cymru na'r triawd o'r Waunfawr, sef Mabon, Wmffra a Myra Turner, heb anghofio Katie Wyn o Landwrog a gyd-deithiai â nhw. Yn anffodus, mae Wmffra a Katie Wyn wedi'n gadael ni, ond mae Myra'n dal i fwynhau adrodd, ac mae Mabon hefyd yn dal i gystadlu'n achlysurol ac yn mynd efo tacsi i ambell eisteddfod. Colled fawr iddo fu colli ei gyfaill, Wmffra. Mi glywais i sawl arweinydd yn cyfeirio at gadair olwyn Mabon fel 'y gadair eisteddfodol enwocaf yng Nghymru'. Fe anrhydeddwyd Mabon, Wmffra a Katie Wyn gan Orsedd y Beirdd am eu cyfraniad a'u ffyddlondeb i eisteddfodau Cymru.

Does dim angen i ni atgoffa'n gilydd am lwyddiant rhai fel Bryn Terfel a Gwyn Hughes Jones ac eraill sy'n barod iawn i gydnabod eu diolch i'n heisteddfodau lleol am roi'r cyfle iddyn nhw ddatblygu eu talentau. Gyda llaw, roedd Gwyn Hughes Jones yn adroddwr llwyddiannus hefyd yn ei ddyddiau cynnar, ac mi ges i'r fraint o roi sawl gwobr iddo. Dw i'n cofio Bryn Terfel a John Eifion yn adrodd i mi unwaith. Roedd y ddau wedi canu, a doedd neb yn cystadlu ar yr adrodd, felly dyma nhw'n gweld cyfle i ennill mwy o arian drwy 'adrodd' y geiriau roedden nhw newydd eu canu, sef 'Cwm Pennant'.

Ar ddiwrnod y cadeirio ym Mhrifwyl 1993 roeddwn i'n cydgerdded â Bryn Terfel yng ngorymdaith yr Orsedd, ac yn atgoffa'n gilydd am y gwyliau a dreulion ni ar ynys Minorca ychydig flynyddoedd ynghynt. Digwydd aros yn yr un gwesty roedden ni. Yn ystod y gwyliau, fe brynodd Bryn gitâr ac fe aeth i'w ystafell i ymarfer gyda'r offeryn newydd. Ymhen ychydig, fe gnociodd rhyw lipryn o Sais piwis ar ddrws ystafell Bryn a gofyn iddo fod yn dawel. Ys gwn i sut y teimlai'r creadur hwnnw heddiw pe gwyddai iddo feiddio dweud wrth un o gantorion enwoca'r byd am gau ei geg? O gofio am y gwyliau hwnnw ar ynys Minorca, mi alla' innau ymfalchïo fy mod wedi trechu Bryn Terfel mewn gêm o dennis. Un gêm allan o set, cofiwch, ond dyna fo, mi lwyddais.

Ond yn ôl at y busnes beirniadu 'ma. Dros y blynyddoedd, rydw i wedi dyfarnu cadair neu goron eisteddfod leol i nifer o feirdd a llenorion. Yn eu plith mae amryw a ddaeth yn ddiweddarach i eistedd yng nghadair y Brifwyl ac i wisgo'i choron.

Yn Eisteddfod y Ffôr 1979 a 1980 enillwyd y gadair gan R O Williams, Y Bala. Rhoddais gadair Eisteddfod Aelhaearn iddo yn

1980 hefyd, a chadair Chwilog yn 1993. Enillodd R O Williams Gadair y Brifwyl ym Mro Dinefwr yn 1996. Cefais y fraint o ddyfarnu'r gadair i'r hen gyfaill, John Gruffydd Jones, Abergele deirgwaith – Llanrhaeadr-ym-Mochnant yn 1979, a'r wythnos ddilynol enillodd gadair Aelhaearn. Yn 1981, fo oedd y bardd buddugol yn Eisteddfod Lerpwl. Enillodd John y Fedal Ryddiaith ym Machynlleth, 1981 a'r Goron Genedlaethol ym Mhorthmadog, 1987.

Dw i'n cofio eisteddfod leol Cricieth yn 1982. Bachgen ifanc yn dod yr holl ffordd o Dreforys i gael ei gadair gynta'. Dair blynedd yn ddiweddarch, roedd o'n eistedd yng Nghadair y Brifwyl yn Y Rhyl. Y dysgwr cynta' i ennill y fath anrhydedd. Ei enw – Robat Powell.

Yn Eisteddfod Llanllyfni, 1992 mi ges y fraint o ddyfarnu un o'i gadeiriau cynta', os nad y gynta' un, i Mei Mac.

Yn Eisteddfod Dyffryn Conwy, 1990 mi dderbyniais awdl a oedd ymhell ar y blaen i'r gweddill yn y gystadleuaeth. Yn fy meirniadaeth roeddwn i'n darogan y byddai'r bardd arbennig hwn yn ennill y Gadair Genedlaethol yn fuan iawn. Ymhen deufis, roedd Myrddin ap Dafydd yn eistedd yng Nghadair y Brifwyl yng Nghwm Rhymni.

Cefais y fraint o gadeirio darpar Archdderwydd unwaith, a hynny mewn cylchwyl yng Nghricieth. Y diweddar W R P George oedd y bardd buddugol, am lunio telyneg. Roedd hyn flynyddoedd cyn iddo gael ei ethol yn Archdderwydd.

Mae enwau cyfarwydd eraill y cefais i'r fraint o ddyfarnu cadair iddyn nhw, rhai fel Karen Owen, Hilma Lloyd Edwards a Geraint Lloyd Owen: beirdd o'r fro hon sydd wedi bod yn agos at ennill prif wobrwyon y Genedlaethol fwy nag unwaith.

Mi gefais y fraint o gadeirio dau o'n Prif Lenorion, a hynny yn eisteddfod leol Mynydd y Cilgwyn, Carmel, sef y diweddar Eirug Wyn yn 1992, a'r diweddar Emyr Jones yn 1993. Dw i'n cofio Eirug Wyn yn rhoi fy llun yn *Lol* unwaith, ia, yn borcyn, a dim ond y Goron Genedlaethol yn cuddio rhan arbennig o 'nghorff i. Roedd yna oriel ohonon ni yn y llun, a phob un ohonon ni'n noeth-lymunwyr, bron. Mi rois wobr iddo am adrodd yn Eisteddfod Cefn y Waun pan oedd o'n hogyn bach diniwed, a'i dad, y diweddar Barchedig J Price Wynne, yn weinidog yno. Pedwerydd oedd Eirug (fel Sam) a dim ond pedwar oedd yn cystadlu!

Dyma'r penillion cyfarch a wnes i iddo pan enillodd o gadair Eisteddfod Mynydd y Cilgwyn yn 1992:

> Pan fydda' i'n hen a pharchus
> A gwallt fy mhen yn wyn,
> Mi hoffwn gasglu sgandals
> 'Run fath ag Eirug Wyn.
> Mi garwn sgwennu cerddi
> I ennill clod a bri
> Wrth fyned 'Dros Ben Llestri'
> Ar raglenni'r BBC.
>
> Pan oedd o'n lwmp o swildod
> Yng Nghefn y Waun ers tro,
> Mi roddais wobr iddo
> Yn wir – am adrodd – do.
> Fel Sam, pedwerydd oedd o
> Yn steddfod fach y llan,
> Pedwar oedd yn cystadlu
> Mewn cystadleuaeth wan.
>
> Ond rhaid bod yn ofalus,
> Rhaid i mi barchu'r gŵr,
> Mae hwn â'i glust am sgandal
> A gall hwn godi stŵr.
> Ni fynnaf weled eto
> Fy llun rhwng cloriau *Lol*
> A'r Goron Genedlaethol
> Yn cuddio 'motwm bol.

Ond Eirug, gyfaill annwyl,
Rwy'n teimlo'n eitha' balch
O ganfod fod y gadair
Yn eiddo i ti – y gwalch!
A plis, ga' i weled eto
Fy llun rhwng cloriau *Lol*
A'r goron ar fy nghorun
Nid ar fy motwm bol!

• • •

O gerdded eisteddfodau, fedra' i ddim llai nag edmygu dyfalbarhad y rhai sy'n gweithio'n ddiflino i sicrhau y cynhelir eisteddfodau lleol yn ein pentrefi gwledig. Ia, pentrefi Cymru sy'n cadw'r traddodiad yn fyw. Ychydig iawn o drefi sy'n cynnal eisteddfod bellach.

EISTEDDFODAU COFIADWY

Ponterwyd

Mi ges i'r fraint o ddod i adnabod y diweddar Arglwydd Geraint o Bonterwyd; nid drwy'r byd gwleidyddol, diolch i'r drefn, ond drwy'r byd eisteddfodol.

Bob tro y byddwn i'n mynd i feirniadu mewn eisteddfodau yng Ngheredigion, gallwn fentro y byddai Geraint Howells yno. Roedd o'n grwydrwr eisteddfodau cefn gwlad, ac yn mwynhau gwrando ar y cystadlaethau a chyfarfod â'r cystadleuwyr, gan eu hannog i gofio dod i Eisteddfod Ponterwyd.

Cefais y fraint sawl tro o feirniadu yn ei eisteddfod. Ia, eisteddfod Geraint oedd Eisteddfod Ponterwyd, a gynhelid bob blwyddyn ar y dydd Gwener ar ôl y Brifwyl. Fo oedd yr Ysgrifennydd a bu wrth y gwaith am dros hanner canrif. Yn wir, fo oedd Pwyllgor yr Eisteddfod. Haws o lawer, yn ei farn o, na chael pwyllgorau diflas i drafod am oriau.

Mi fyddwn i'n cael galwad tua chanol mis Mehefin, yn aml iawn o Dŷ'r Cyffredin. Dim gofyn a fyddwn i'n rhydd. O, na. 'Rwyt ti'n beirniadu'r llên a'r adrodd acw eleni, y dydd Gwener ar ôl y Genedlaethol. Yr un trefniadau – dod draw i Glennydd. Tyrd â dy wraig gyda thi, ac fe gewch ginio cyn mynd i'r steddfod a fydd yn dechre tua un o'r gloch. Mi fydda' i'n taro'r testunau yn y post iti.'

Dw i'n cofio'r tro cynta' i mi addo mynd yno, ac yn bryderus braidd o weld y dyddiad yn agosáu a minnau heb dderbyn y cyfansoddiadau llenyddol. Rhoi galwad ffôn i Geraint rhag ofn bod y cyfansoddiadau wedi mynd ar goll yn y post. Yr eglurhad: 'Paid â phoeni dim, maen nhw yma'n un pentwr – fe gei di nhw ar ôl cyrraedd.'

Wrth lwc, doedd yna ddim awdlau, pryddestau, storïau byrion nac ysgrifau i'w cloriannu, dim ond telynegion, englynion, brawddegau a limrigau. Tra oedd y cystadlaethau canu yn mynd ymlaen, roeddwn i'n brysur yn ceisio dewis y goreuon yn y cystadlaethau llenyddol, ac roedd nifer dda ohonyn nhw hefyd.

Roedd pob un o'r gwobrau ym mhob adran yn rhoddedig gan garedigion yr eisteddfod, a dyna'r rheswm bod un o amodau'r eisteddfod yn datgan, 'caniateir i'r beirniad atal, ond nid i rannu gwobr'. Roedd elw Eisteddfod Ponterwyd bob blwyddyn yn mynd at y capel. Fe fyddai'r cyn-Archdderwydd Elerydd yn arfer dod â nifer o adroddwyr ifanc i'r eisteddfod ac fe geid cystadlaethau o safon yno. Roeddwn i'n siŵr o gyfarfod â Merêd yno bob blwyddyn hefyd.

Er i mi deithio i sawl eisteddfod ledled Cymru, ychydig iawn o 'bwysigion' y Brifwyl dw i wedi eu gweld yn ein heisteddfodau lleol. Ond eto, ar faes y Genedlaethol bob blwyddyn, fe'u gwelwch nhw efo bathodynnau'n hongian at eu pengliniau ac yn bwysig ryfeddol. Rydw i'n siŵr bod yna eisteddfod leol o fewn pymtheng milltir i gartre' pob un o aelodau Cyngor y Brifwyl.

Diolch am wir eisteddfodwyr fel y Dr Aled Lloyd Davies, a anrhydeddwyd yn Gymrawd yr Eisteddfod Genedlaethol, a diolch am rai fel y diweddar Arglwydd Geraint o Bonterwyd.

Wrth sgwrsio dros ginio yn Glennydd un flwyddyn y deallais i fod yr Arglwydd Geraint a minnau'n cefnogi'r un tîm pêl-droed ers dyddiau ein plentyndod, ac am yr un rheswm hefyd. A'r tîm hwnnw? Wel, Sunderland, o bawb. Pam? Wel, dyna'r tîm cynta' i ni'n dau ei gofio yn ennill Cwpan Lloegr yn 1937 drwy drechu Preston North End o dair gôl i un. A choeliwch neu beidio, roedden ni'n gallu cydlefaru enwau'r tîm hwnnw gyda'n gilydd fel *Rhodd Mam* – Mapson, Gorman Duns, Burbanks, Hastings, a'r gweddill, heb anghofio'r seren, sef Raich, neu Horatio Carter, a fu'n chwarae i Loegr droeon.

Na, fu'r Arglwydd Geraint na minnau erioed ar gyfyl yr hen Roker Park na'r cartre' newydd, Stadiwm y Goleuni, ond o ddyddiau ein plentyndod roedd tîm Sunderland yn golygu rhyw-beth i ni'n dau.

Ches i erioed y fraint na'r cyfle i bleidleisio i Geraint Howells yn ei etholiadau. Mi wnes innau sefyll etholiad, a hynny ar gais nifer o selogion yr eisteddfodau lleol a ofynnodd am ganiatâd i'm henwebu ar gyfer y barchus arswydus swydd o fod yn Archdderwydd. Mi gytunais ar y funud ola'. Ymhen ychydig ddyddiau, mi ges alwad ffôn gan yr Arglwydd Geraint yn dymuno'n dda i mi, er y gwyddwn o'r cychwyn na fyddai gobaith gennyf i gael fy ethol, ond gallwn ymfalchio yn y ffaith fod y gwleidydd a'r gwerinwr a'r eisteddfodwr o Bonterwyd yn gefnogol i mi.

Na, nid am ein bod ni'n dau yn gefnogol i dîm pêl-droed Sunderland y cefais ei gefnogaeth, ond am ein bod ni'n dau yn eisteddfodwyr.

Llanbedr Pont Steffan

Eisteddfod arall y byddwn yn falch o gael gwahoddiad iddi oedd Eisteddfod Rhys Thomas James Llanbedr Pont Steffan ar Ŵyl Banc Awst.

Mae hon yn eisteddfod sy'n para am bedwar diwrnod, a phob tro y bydda' i yno, mi fydda' i'n manteisio ar y cyfle i fynd i gapel Soar y Mynydd ar y pnawn Sul .

Y tro cynta' i mi fod mewn gwasanaeth yn Soar oedd yn 1984 pan gynhaliwyd y Brifwyl yn Llanbed. Roeddwn i'n gweithio i gwmni HTV ar y pryd ac yn aros dros yr ŵyl yng ngwesty'r Talbot yn Nhregaron. Cafodd Gwilym Owen, Eifion Lloyd Jones a minnau wahoddiad gan frodyr Nant Llwyd (pileri'r achos yn Soar) i ddod i'r gwasanaeth. Anfodlon oedden ni i dderbyn, gan y gwyddem y byddai'r capel yn orlawn. 'Fe gadwn ni seddau i chi,' meddai'r brodyr. Ac yn wir i chi, pan gyrhaeddon ni'r fangre unig, a'r capel yn orlawn, roedd yna dri chap stabal ar un o'r seddau – sedd gadw i Gwilym, Eifion a minnau.

Roeddwn i'n atgoffa'r brodyr o'r digwyddiad y tro diwetha' i mi fod yno, ac roedden nhw'n cofio'r achlysur yn iawn. Dw innau'n cofio'r pnawn hwnnw hefyd – y diweddar Brifardd Gwilym R Tilsley yn pregethu ar y testun cwbl addas, 'Dyrchafaf fy llygaid i'r mynyddoedd'. Yno hefyd yn 1984 y bu i Rosalind a Myrddin ganu'r gân 'Soar y Mynydd' am y tro cynta' yn gyhoeddus. Byddaf, mi fydda' i wrth fy modd yn cael troi tua Soar pan fydda' i ar ddyletswydd eisteddfodol yn Llanbed neu Bontrhydfendigaid.

Prifwyl Aberystwyth 1992

I dafarn y Gogerddan yn Llanbadarn Fawr y byddwn i'n mynd am ginio bob nos yn ystod Prifwyl 1992.

Roedd Mati Prichard, gweddw'r diweddar Brifardd Caradog Prichard, yn aros yno, a chafodd Myra a finnau lawer o'i chwmni yn ystod yr wythnos.

Roedd Nico efo hi. Nico? Pam dod â deryn i'r Eisteddfod, meddech chi? Na, y pwdl diweddara' yn llinach yr enwog Benji a Wili oedd Nico. Bu Benji a Wili'n ffyddlonach i'r Brifwyl ar hyd y blynyddoedd na rhai y gwn i amdanyn nhw sy'n honni eu bod nhw'n Gymry pybyr.

Bu farw Benji o henaint. Cafodd flynyddoedd o eisteddfota yn ei fasged o dan fwrdd ei feistr yn ystafell y wasg. Dw i wedi cyfeirio eisoes fel y bu i mi gael yr awydd i blannu ychydig o ddiwylliant eisteddfodol ym mhen yr unig gi a fu gen i erioed – Pete, ond mai cwbwl aflwyddiannus fu'r cyfarfyddiad rhwng y mwngrel a'r pwdl.

Diwedd trychinebus gafodd Wili druan. Torrodd lladron i mewn i gartref Mati yn Llundain, a cheisiodd Wili, chwarae teg iddo, efelychu Gelert trwy ymosod ar y lladron er mwyn achub ei feistres. Ond, ym mrwydr St John's Wood fe'i trawyd gan un o'r lladron a bu'r ergyd, gwaetha'r modd, yn ddigon iddo.

Yn dilyn y brofedigaeth hon y daeth Nico yn gwmni i Mati, ac Eisteddfod Aberystwyth oedd ei eisteddfod gynta' ac roedd yntau, fel ei gyn-bwdls eisteddfodol, i'w weld yn mwynhau'r awyrgylch. Choelia' i ddim fod gwirionedd yn honiad Gwilym Owen, yn ei slot ddychanol o'r eisteddfod, mai problem fawr Mati drwy gydol yr wythnos fu 'anfon Nico i wneud dŵr'!

Na, ci bach cyrliog, tawel a chyfeillgar oedd Nico, parotach ei lyfiad o groeso na'i fygythiad o frathiad. Ac, yn ddigon naturiol, roedd o'n edrych ymlaen at Eisteddfod Llanelwedd y flwyddyn wedyn; fe fyddai'n teimlo'n gartrefol iawn yno ym myd yr anifeiliaid.

Ond pinacl yr wythnos i mi oedd cael y fraint o wisgo'r goron a enillodd Caradog Prichard yn Eisteddfod Genedlaethol Caergybi, 1927 am ei bryddest 'Y Briodas'. Coron o arian pur heb yr un cerfiad arni oedd Coron Caergybi, ac wrth gael y fraint o'i gwisgo, fedrwn i ddim llai na chofio mai hon oedd y goron a ddododd y bardd ar ben ei fam yn Ysbyty'r Meddwl yn Ninbych ychydig ddyddiau ar ôl ei fuddugoliaeth genedlaethol gynta'.

Fedrwn i ddim llai na chofio chwaith am y daith a ddisgrifir ganddo yn *Un Nos Ola Leuad* pan aeth â'i fam i'r ysbyty, ac yntau'n crio ac yn torri'i galon. Ia, 'crio run fath â taflyd i fyny . . . crio run fath â tasa'r byd ar ben.' Mi gofia' i am Brifwyl Aberystwyth petae ond am y ffaith i mi gael y fraint o wisgo Coron Caergybi, coron Y Briodas.

Y Ffôr 2004

Y bardd buddugol yn Y Ffôr yn 2004 oedd Geraint Roberts, prifathro Ysgol y Strade, Llanelli. Yn anffodus, doedd o ddim yno i gael ei gadeirio ond fe'i cynrychiolwyd gan ei fab, Ll R Roberts.

Roedd Geraint a chriw o ddosbarth cynghanedd y Prifardd Tudur Dylan yn ymweld â gwlad Belg am ychydig ddyddiau a thrwy gymorth ffôn symudol Nokia (dyna beth oedd ffugenw'r bardd buddugol, gyda llaw) fe drosglwyddwyd y seremoni o lwyfan Y Ffôr i westy yng ngwlad Belg, lle y cadeiriwyd Geraint Roberts ar yr un pryd gan y Prifeirdd Tudur Dylan a Mererid Hopwood. Ar ddiwedd y seremoni, fe ymunodd y criw yng ngwlad Belg â chynulleidfa'r Ffôr i ganu Cân y Cadeirio a'r anthem genedlaethol. Digwyddiad unigryw a hanesyddol, yn sicr.

CYMERIADAU

Be' sy'n gwneud rhywun yn gymeriad? Pam ryden ni'n cyfeirio at ambell berson fel 'dipyn o gymêr'? Ymddangosiad ambell un, o bosib? Personoliaeth un arall? Yn sicr, mae ffraethineb un, yn ogystal â diniweidrwydd un arall, yn eu gwneud nhw'n 'gymeriadau'.

Dw i wedi sôn eisoes am y plant y cefais y fraint o'u dysgu mewn gwahanol ysgolion ac am ambell berl a lefarwyd ganddyn nhw. O ydyn, mae plant yn gymeriadau. Gall pob rhiant gadarnhau hynny. Dw i'n cofio fy mab fy hun (fy unig fab) yn dweud adnod wrth Mr Matthews yng Nghapel Bethel un bore Sul: 'Gogoniant yn y goruffar i Dduw ac ar y ddaear . . .'

'Da was,' meddai Mr Matthews, a chyrlan o wên ar ei wefus. 'Yn uwch, i bawb dy glywed di.' Gan grafu'i lwnc, ufuddhaodd Euron ac ailadrodd ei glasur ar dop ei lais. 'Da was,' meddai'r gweinidog wedyn, a mwy o wên fyth ar ei wyneb. 'Pwy ddysgodd honna i ti – dy dad?' Diniweidrwydd Euron a ffraethineb Mr Matthews yn gwneud y ddau yn gymeriadau yn yr un oedfa.

Y tro cynta' i mi fynd ag Euron i Lundain roedden ni'n mynd o gwmpas y ddinas mewn bws, a'r arweinydd yn dangos y gwahanol adeiladau i ni. Llefydd a oedd yn hollol ddiarth i hogyn bach pump oed. Cyrraedd o flaen y Senedd, a minnau'n dangos Big Ben i Euron. Roedd o'n gyfarwydd â'r cloc, gan iddo ei weld droeon ar y teledu. 'Yli,' meddwn, 'dyna fo Big Ben.' Euron yn edrych ar ei oriawr rad, a chan godi ei olygon at 'gloc y byd', yn dweud yn llawn cyffro, 'Wyddost ti be', Dad, mae o union ar amser hefyd.'

Un stori fach arall am Euron. Rhedodd i'r tŷ un diwrnod a dweud wrth ei fam, 'Mam, brysiwch, mae 'na JCB yn dod i lawr y lôn.' Lôn gul iawn oedd yr un heibio'n tŷ ni, a phrin y byddai lle i anghenfil o beiriant fel JCB fynd heibio'n rhwydd. Aeth Myra allan ar frys. Doedd dim golwg o'r JCB a ddisgwylid, dim ond un o gymeriadau'r ardal yn mynd heibio'n hamddenol, sef John Cefn Bach. Fo oedd y JCB. Roedd John yn gymeriad go arbennig, fel y caf adrodd cyn diwedd y bennod hon.

Alun Pierce

Un o'm cyfeillion penna' i oedd y diweddar Alun Pierce o Dremadog. Daethom yn ffrindiau ar ein cyfarfyddiad cynta', rywsut, a hynny ar achlysur un o'r gemau pêl-droed rhyngwladol yng Nghaerdydd yn ystod Pum Degau'r ganrif ddiwetha'.

Aros yng ngwesty'r Park yr oeddem. Y pris ar y pryd oedd pumpunt y noson am wely a brecwast. Roedd Alun yn storïwr heb ei fath, yn ganwr ac yn dynnwr coes. Roedd o'n gymêr, a chanddo'r ddawn i gael pawb i wrando arno, yn enwedig pan fyddai'n canu ei hoff gân, 'Trowsus bach fy Nain'.

Roedd Guto Rhos-lan (Guto Roberts) ar un o'r tripiau efo ni, a phan ddeallodd Alun ym mha ystafell roedd Guto'n clwydo, roedd yna, fore drannoeth, bot piso o flaen drws yr ystafell honno, yn llawn i'r ymylon â dŵr. Ia, dŵr, a phedwar caramel siocled yn arnofio yn y pot.

Fy hoff stori am Alun ydi'r un amdano'n cael cyfweliad efo'r diweddar Clough Williams-Ellis, Portmeirion, ar gyfer rhyw swydd. Roedd gan Clough andros o drwyn mawr ac, yn ystod y cyfweliad, cafodd bwl o disian nes glaniodd sneipan seimlyd ar lin Alun. 'Be' wnest ti?' gofynnais. 'Mi rois i 'nghap drosti,' meddai Alun, 'a wyddost ti be', roedd ei drwyn o'n agosach ata' i o beth diawl, mi fasa'n haws imi fod wedi'i sychu iddo fo.'

Un o fois y Babell Lên oedd Alun. Fe enillodd ar Limrig y Dydd unwaith, ac roedd o mor falch fel na newidiodd y siec, dim ond ei chadw'n barchus. Y limrig oedd:

Wrth gychwyn i'r Steddfod eleni
Y gath aeth dan fonat yr Audi.
Wrth ymyl Cwm-ann
Fe lithrodd i'r ffan –
Ma'i chynffon hi'n dal i fod gin i.

Bu Alun farw'n sydyn tra oeddwn i ar un o'm teithiau yn 1989. Flwyddyn union ar ôl ei farw, roeddwn i'n beirniadu mewn cylchwyl yng Nghapel y Garth, Porthmadog, a chefais f'atgoffa fod blwyddyn wedi mynd heibio, ac fe ofynnwyd i mi lunio gair i'r papur bro. Doedd dim angen f'atgoffa, a dweud y gwir.

Rydw i'n dal i deimlo'n ddig wrthyf fy hunan na chefais dalu'r gymwynas ola' iddo. Wyddwn i ddim am ei farwolaeth nes i mi ddychwelyd adre' o Sbaen. Rydw i'n dal i'w glywed yn galw arna' i, 'Pam na fasat ti'n dod i 'nghynhebrwng i, y diawl?'

Roedden ni wedi bod yn cydeisteddfota am gyfnod o chwarter canrif, ac wedi sicrhau gwesty hwylus ar gyfer Prifwyl Llanrwst. Do, fe aethom ar saffari i Lanrwst yn syth ar ôl Eisteddfod Casnewydd yn 1988, a sicrhau ystafell *en suite* am bris eitha' rhesymol.

Pan gefais i'r newydd mai fi oedd i gael y Goron yn Llanrwst, daeth Alun i'm meddwl yn syth. Pam eleni o bob blwyddyn, ac Alun ddim efo fi? Sawl blwyddyn wrth fwrdd brecwast ar fore'r Coroni y byddai'n dweud wrtha' i, 'Rwyt ti'n cael y Goron pnawn 'ma, dwyt? Waeth i ti ddeud wrtha' i, dd'weda' i ddim wrth neb, sti.' A minnau gan amlaf heb gynnig am y goron.

Byddem, fe fyddem wedi cael eisteddfod i'w chofio yn Llanrwst. Ond dyna fo, mi alla' innau edliw iddo yntau pan gwrddwn ni eto, 'Pam na fasat ti'n dŵad i seremoni fy nghoroni i, y diawl?'

A synnwn i ddim mai ei ateb o fydd: 'Roeddwn i yno, ac mi oeddwn i yn y Babell Lên hefyd yn gwrando arnat ti'n sôn fel yr est ti i Dremadog i ddadlennu'r gyfrinach i Jean.'

A wyddoch chi be', mae gen i ddigon o ffydd i gredu ei fod o yno hefyd, ac y cawn ni sbort a sbri efo'n gilydd eto ryw ddydd. Fydd yna'r un eisteddfod yn mynd heibio na fydda' i, a'r rhai sydd ar ôl o'r hen griw, yn sôn am Alun, ac mi fydda' i'n sôn mwy amdano ymhellach ymlaen hefyd.

Rolant o Fôn

Y tro cynta' i mi weld Rolant oedd yn Eisteddfod Genedlaethol Hen Golwyn pryd yr enillodd ei Gadair Genedlaethol gynta' am ei awdl 'Hydref'.

Eisteddfod a chymylau rhyfel yn hofran uwch ei phen oedd honno, ac fe'i cynhaliwyd hi mewn neuadd yn y dre'. Plentyn ysgol oeddwn i ar y pryd ac wedi mynd yno efo Mam i gael gweld seremoni'r Cadeirio. Er i mi sefyll yn y ciw am oriau, fûm i ddim digon ffodus i gael mynediad, ond cofiaf i wyliwr y drws dynnu'n sylw at ŵr ifanc cringoch gan ddweud, 'Dacw fo, bardd y Gadair.'

Ie, cip yn unig a gefais ar Rolant y diwrnod hwnnw, ac roedd ei enw'n hollol ddiarth i mi. Ychydig a feddyliwn ar y pryd y cawn i'r fraint o ddod yn gyfaill mynwesol iddo ymhen blynyddoedd wedyn.

Yn Eisteddfod Genedlaethol Llangefni y deuthum i'w adnabod. Cofiaf yn dda gydgerdded efo fo o'r Maes i'r dre'. Roedd y clwy' cipio cadeiriau wedi gafael ynof erbyn hyn a chymerai Rolant ddi-ddordeb mawr yn fy ngwaith. Roedd yn fwy na balch pan lwyddais i gipio ambell gadair ym Môn. Yn ddiweddarach, cefais gerydd ganddo lawer tro am fynnu dal ati i gipio mân gadeiriau. 'Rwyt ti'n wastio dy amser,' meddai. 'Mi fuaswn i wedi ennill y Genedlaethol lawer blwyddyn ynghynt petawn i heb rwdlan efo rhyw fân eisteddfodau.'

'Cymeriad' oedd Rolant, a'i hiwmor yn heintus. Yn un o gyfarfodydd y Babell Lên ym Mhrifwyl Llangefni, gwelid Telynores Maldwyn a byddin fach o gynorthwywyr yn chwilota am rywbeth o dan eu cadeiriau. 'Nansi sydd wedi colli ei chês,' meddai rhywun. Ac meddai Rolant ar amrantiad o'r llwyfan, 'Mae'n rhaid fod ganddi dwrnai gwael iawn.' Twrnai oedd Rolant ei hun.

Âi Rolant â'i hiwmor efo fo i'r llysoedd hefyd. Yn wir, mae sôn o hyd am y chwerthin a fu pan ymddangosodd am y tro cynta' ar ran diffynnydd. Doedd ganddo ddim gobaith ennill yr achos, meddir, ond fe siaradodd yn huawdl am hanner awr. O'r ochr arall cododd Mr Gordon Roberts, y gŵr y bu Rolant yn cael hyfforddiant ganddo, a dweud na chlywodd y fath lol mewn hanner awr o anerchiad erioed. Ateb cynnil Rolant oedd hwn: 'Mi wyddoch i gyd pwy ddysgodd fi.'

Amddiffyn fyddai Rolant. Anaml iawn y byddai'n erlyn. Roedd o'n amddiffyn cymeriad go amheus un tro ac yn ei ganmol i'r entrychion. Pan ofynnodd Cadeirydd y Fainc, *'Any previous convictions?'* roedd yna restr hir. 'Wel,' meddai'r Cadeirydd, 'be' fedrwn ni neud ar ôl clywed y fath restr?' Atebodd Rolant yn ei lais gwerinol, crynedig, 'Mae o wedi bod yn gwsmar reit dda i chi ar hyd ei oes, gadewch iddo fynd yn rhad ac am ddim y tro yma.'

Stori dda ydi honno am ddwy wraig wedi ffraeo hyd at daro, a'r ddwy wedi penderfynu mynd i gyfraith. Aeth un at Rolant ac fe gytunodd yntau i gymryd yr achos. Ymhen tua hanner awr, dyma'r wraig arall yn dod at Rolant a gofyn iddo gymryd ei hachos hithau. 'Wel, a deud y gwir,' meddai Rolant, 'rydw i'n andros o brysur, ond mae yna dwrnai ifanc newydd ddechrau i fyny'r stryd 'ma, dw i'n siŵr y bydd o'n barod i gymryd eich achos chi. Mi wna' i nodyn bach i chi fynd iddo.' A'r nodyn oedd:

Dwy ŵydd dew,
Y ddwy ddim hanner call,
Plua di un
Mi blua inna'r llall.

'Pryd cawsoch chi wybod eich bod wedi ennill y Gadair yn Nolgellau am awdl 'Y Graig'?' gofynnais iddo. A'i ateb: 'Roeddwn i'n gwybod pan rois hi i lawr y *letterbox*.' Dro arall gofynnais iddo be' ddylwn i ei ddarllen i feithrin tipyn ar yr awen. Atebodd yn ddibetrus, 'Dy Feibl, 'ngwas i.'

Cofio mynd yn y car un noson, a William John, ei gyfaill, yn awgrymu i ni fynd i gaffi arbennig am baned. Ein tri yn cytuno a Rolant ar amrantiad yn adrodd pill i'r 'Teciall':

120

Oes rhywun yn rhywle, yn ffôl neu yn ddoeth,
All ganu mor swynol a'i din o mor boeth?
Y wisg sydd amdano yn ddu fel y frân,
Ar ôl iddo ganu, mi bisith i'r tân.

Chwerthin afreolus wedyn. Oedd, roedd Rolant yn medru chwerthin. Llawer tro y gwelais o'n siglo'n braf wrth fwynhau jôc a'r cetyn yn ei geg yn siglo i'w ganlyn.

Pleser mawr arall a gawsom lawer tro oedd gêm o fowls. Tynnwr coes oedd Rolant ar y maes bowlio fel ar faes yr eisteddfod. Hyd heddiw, rydw i'n dal i gredu iddo roi pâr o beli diffygiol i mi unwaith yn Llangefni. Roedd y peli'n mynd i bob man ond i gyfeiriad y bêl wen, a Rolant a WJ mewn poenau wrth chwerthin. Holais ef fwy nag unwaith wedyn ynglŷn â'r amgylchiad, a'i ateb oedd, 'Na, roedd y peli'n iawn, ar y bowliwr roedd y diffyg,' a gwên ddireidus yn ei lygaid wrth droi'r stori.

Atgofion melys am dripiau yn y car ar nosweithiau o haf – Traeth Coch, y Dafarn Goch, Rhosneigr. Oriau diddan yn Hafod y Grug ac yntau yn ei ffordd ddiymhongar ei hun yn adrodd ei gerddi diweddara' i mi. 'Be' fydd teitl y gyfrol newydd, Rolant?' A'i ateb pendant: *Yr Anwylyd a Cherddi Eraill*. Tro i'r ardd i edmygu gwyrthiau natur, yntau un noson yn torri tusw o rosynnau i mi fynd adre' – rhosynnau o'r ardd ffrynt hefyd. Cofio geiriau William John, 'Mae'n rhaid eich bod yn ei lyfrau iddo fo dorri ei rosynnau i chi.'

Gofyn iddo prun oedd y gerdd orau a gyfansoddodd. 'F'ewyrth Siôn,' meddai, a rhyw gryndod mwy nag arfer yn ei lais wrth ei hadrodd '. . . ac yno daw cyfeillion cun / i orffwys ato un ac un.'

Mi fûm gydag o sawl tro yn ystod Etholiad Cyffredinol, pan oedd y diweddar Ddoctor Tudur Jones yn ymgeisydd dros Blaid Cymru ym Môn. Y tro cynta' o bosib i Rolant ymddangos dan faner y Blaid. Medrai ddenu torf, mynnai wrandawiad, a pherchid ei sylwadau deifiol gan gynrychiolwyr o bob plaid. Ni fedrai reoli ei ddonioldeb a'i ffraethineb, hyd yn oed yn y cyfarfodydd hyn, ond diweddai bob tro yn llawn difrifwch a'i lygaid yn tanio wrth ddyfynnu'r englyn hwn mewn llais crynedig:

Hen wlad fach, cofleidiaf hi, – angoraf
Long fy nghariad wrthi;
Boed i foroedd byd ferwi,
Nefoedd o'i mewn fydd i mi.

Oedd, roedd ganddo gariad cynnes at ei wlad, a'r cariad hwnnw wedi poethi yn ystod ei flynyddoedd ola'.

Cofio pnawn Mercher oer o Ragfyr, mynyddoedd Eryri dan gaenen o eira, y graig fel petae'n gwisgo'i dillad gorau ar ddydd ei arwyl, a Môn yn ei galar. Capel Penuel dan ei sang yn canu'r geiriau cyfarwydd 'Arglwydd Iesu, arwain f'enaid / at y Graig sydd uwch na mi'.

Oedd, roedd Rolant o Fôn yn gymeriad, ac un o freintiau mawr fy mywyd i oedd cael ei gwmnïaeth, a'r croeso a dderbyniais ar aelwyd Hafod y Grug, Llangefni.

Richard Owen

Un o gymeriadau Bethel oedd Richard Owen. Dreifar trên wedi ymddeol a dod yn ôl i'r hen bentre'. Un selog yn nhafarn y Gors Bach ar nos Sadwrn, a'r un mor selog yng nghapel Y Cysegr, fore a nos Sul. Un di-flewyn-ar-dafod oedd Richard Owen.

Os byddai'r pregethwr braidd yn hirwyntog ar fore Sul, fe glywid Richard yn ochneidio, yn troi a throsi yn ei sedd ac yn mwmblian ei brotest, 'Hmm, *overtime* heddiw. Mi fydd fy nghinio i'n golsyn,' a pheswch arall i ddangos ei anniddigrwydd.

Hen lanc oedd o ac yn ymffrostio yn ei ddawn i goginio, a ninnau'n edliw iddo mai cael benthyg cig drws nesa' am ugain munud roedd o i wneud grefi. Prin y byddai'n gwario yr un geiniog yn y Gors Bach ond fe âi adre' bob nos Sadwrn wedi cael llond bol o gwrw. Fe fyddai bob amser yn dod â'i ymbarél efo fo ac, un nos Sadwrn, fe lanwyd yr ymbarél â matiau cwrw. Bore drannoeth, pan ddaeth Richard allan o'r capel, roedd hi'n smwcian bwrw ac, yn naturiol, fe agorodd ei ymbarél a chael cawod o fatiau cwrw am ei ben.

Cafodd wahoddiad un nos Galan i ddod acw i ddathlu efo ni a chriw o ffrindiau. Aeth Richard allan i'r cefn am smôc, yn ein tyb ni. Ymhen hir a hwyr, sylweddolwyd nad oedd wedi dychwelyd. Es allan a'i gael ar ei hyd yn yr ardd. 'Richard bach, be' ydach chi'n neud yn fanna?' meddwn. 'Helô, pwy sy' na, dowch i mewn,' oedd yr ateb. Bore wedyn y cawson ni ar ddeall fod yr hen frawd wedi torri pont ei ysgwydd, ac roedd o'n gadael i'r byd a'r bctws wybod am y parti, a bod y gweinidog, y Parchedig R E Hughes, am fynd â fo i Ysbyty Gwynedd, a doedd dim angen i neb boeni.

Roedd yna dair stryd yn Saron, Bethel, sef Stryd Bella, Stryd Ganol a Stryd Bach. Yn Stryd Bach roedd Disgwylfa, cartre' Richard Owen. Roedd o'n cyfeirio bob amser at Stryd Bach fel 'y Gaza Strip'.

Cefais gais i lunio teyrnged iddo pan fu farw:

Mae'n anodd credu, yn dydi? Richard Owen, o bawb, wedi distewi am byth. Y trên ola' wedi galw amdano. Chwibanodd y Giard Mawr ei bib a chafodd Richard Owen, a dreuliodd ei oes yng nghabin y dreifar, gompartment *first-class* i'w gludo adre'. Gŵr cartrefol oedd Richard, hyd yn oed pan ddreifiai drêns o gwmpas y wlad. Caer oedd ei bencadlys a Crewe, Manceinion a Lerpwl oedd pen draw ei daith gan amla'.

Wedi ymddeol a dod i Fethel a chartrefu yn Nisgwylfa, bu'r un mor gartrefol. Y Post, Blaen Parc, Y Cysegr a'r Gors Bach, dyna'r stesions y byddai'n galw'n rheolaidd ynddyn nhw. Fu Richard fawr pellach na Chaernarfon. Ia, dyn yr injân stêm oedd Richard. Yn fuan wedi iddo ymddeol, cofiaf i mi dynnu ei goes drwy ei ffonio a chynnig job iddo dros yr ha' i ddreifio trên bach yr Wyddfa. Cefais fy rhegi'n anhrugarog ac, er i mi erfyn arno i gymryd y job a chynnig ffortiwn o gyflog iddo, y geiriau ola' a glywais yn atsain yn fy nghlust oedd, *'Retired, my boy!'* A'r ffôn i lawr yn glec. Ydi, mae'r hen Richard wedi riteirio o ddifri' rŵan.

Fe gollodd Stryd Bach ei brenin, daeth distawrwydd i sŵn y

traed trymion, yr ebwch a'r peswch a'r cyfarchion boreol.

Gall cenhadon y Gair fentro traddodi pregeth hir o bulpud Y Cysegr rŵan. Bydd ei le'n wag yn y Seiat a bydd seiat Gors Bach yn dlotach o'i golli. Dyn ar yr wyneb oedd Richard, dyn gonest. *Express* o drên yw Trên yr Angau. *Express* na chlywir ei sŵn – trên nad oes daflen amser iddo. Fydd y signals byth yn erbyn hwn er tywylled y twnnel.

Fedra' i ddim llai na meddwl fod yna griw reit dda ar blatfform y Wynfa Wen, criw o hen gyfeillion yn chwifio baneri, ac yn disgwyl yn eiddgar am weld yr *Express* yn dod i mewn a'r brenin yn y compartment *first-class*. Ia, Richard Owen, brenin y dreifars trên, Maer Stryd Bach, y cymwynaswr mawr a'r cymeriad gonest, yn cyrraedd adre' a charped coch yn ei ddisgwyl ar Blatfform y Nefoedd.

Un o gymeriadau ffraeth, di-flewyn-ar-dafod y pentre' oedd Richard Owen ac, yn anffodus, mae cymeriadau tebyg yn prinhau.

John Cefn Bach

Diniweidrwydd John oedd yn ei wneud o'n gymeriad. Er ei fod o ychydig flynyddoedd yn hŷn na fi, roeddem wedi cyd-fyw yn yr un stryd drwy gydol ein hoes. Cyfeiriais eisoes at y chwarae c'nebrwng, a John yn llyncu mul am na châi fod yn hers.

Roedd yna sawl John ym Methel, ond dim ond un John Cefn Bach. Oedd, roedd John – fel y Williams hwnnw o Bantycelyn – yn cario'i gyfeiriad yn gynffon wrth ei enw. Ei enw bedydd oedd John Daniel Williams, unig fab Robert Daniel Williams (Bob Dan i bobol Bethel) ac Elizabeth Williams (Lusa Cefn Bach).

Roedd Bob Dan yn un da am *chase*. Un gnoc sydyn ar ddrws Cefn Bach wrth ddod adre' o'r *Band of Hope*, ac fe fyddai Bob Dan ar ein holau ni fel ebol dyflwydd. Roedd o'n un cyflym ar ei draed, a gwae ni os caem ein dal ganddo.

Roedd Tomos Henri yn eistedd yn y ddesg y tu ôl i John yn yr ysgol fach, a phrif bleser Tomos oedd plannu pin ym mhen ôl John yn weddol gyson, gan achosi i etifedd Cefn Bach neidio o'i ddesg gyda gwaedd. Yn ychwanegol at y pigiad poenus yn ei dîn, fe gâi John glewtan gan Jones Sgŵl am fod mor swnllyd ac aflonydd.

Un noson, roedd Bob Dan yn disgwyl i Tomos Henri ddod o'r *Band of Hope*, ac fe afaelodd yn ei sgrepan a'i ysgwyd fel ci ifanc yn ysgwyd dol glwt, gan ddatgan ei gerydd yn glir i Tomos: 'Yli'r diawl, rhaid i ti roi gora iddi, mae tîn John 'cw fel bocs pupur ar dy ôl di.' Roedd sedd John yn esmwythach yn Ysgol Bethel ar ôl hynny, ond fu yna fawr o ddatblygiad ynddo fel sgolor, ac ar ddiwedd ei dymor ysgol, ateb galwad y graig fel y mwyafrif o'i gyfoedion fu ei hanes yntau, a mynd yn blygeiniol gyda'i dad yn ei drowsus melfaréd a'i sgidiau hoelion mawr i Chwarel Dinorwig.

Oherwydd ei ddiniweidrwydd roedd John yn darged dyddiol i'w gydchwarelwyr pryfoclyd. Cyn cychwyn i'r chwarel bob bore fe gâi frecwast dau gwrs – yn ei wely. Y cwrs cynta' fyddai platiad o samon tun a phedair tafell dew o fara menyn. Yr ail gwrs oedd tun cyfa' o ffrwythau. Does ryfedd fod rhai o'r pentrefwyr yn cyfeirio'n gellweirus at Cefn Bach fe yr 'Imperial Hotel'.

Ar y bwrdd, wedi'i baratoi y noson cynt, roedd y tun bwyd traddodiadol a gynhwysai, yn amlach na pheidio, sgodyn siop tsips. Roedd John yn goblyn am ffish a tsips. Yn wir, wedi i'r glasenw 'John Hers' fynd yn angof, fel 'John Ffish' y cyfeirid ato am gyfnod wedyn. Does yna fawr o flas ar bysgodyn oer, ac fe arferai John ei ddwymo ar stof y caban. Daeth terfyn sydyn ar hyn, fodd bynnag, pan roddodd criw direidus Ponc Hafod Ŵan bowdwr du yng nghrombil y pysgodyn. Daeth awr y twymo a bu bron i John druan gael strôc farwol pan chwythodd y pysgodyn i fyny fel roced nes glanio fel fflat-ffish ar do'r caban.

Gellid dweud mai prif bleserau John oedd reidio beic, trip achlysurol ar y bws i Landudno bnawn Sadwrn, a chael ffidan o ffish a tsips dan domen werdd o bys slwj, a dwy botel o Vimto i hel y saim i lawr y lôn goch. Ia, boi reidio beic oedd John. Fe'i gwelid o'n aml yn padlo'i ffordd yn falwennaidd o Fethel i Fangor neu Gaernarfon ac, yn nosweithiol bron, yn ystod yr haf fe welid yr Hercules o flaen siop tsips Y Felinheli. Hyd yn oed ar y diwrnod poetha', fe fyddai John wedi lapio'i hun fel nionyn, a chôt law fel Columbo amdano, bob tro y stryffagliai i gyfrwy'r Hercules.

Gofynnwyd iddo yn y chwarel un tro i ble roedd o am fynd ar ei wyliau haf. 'O, efo beic i rwla' oedd ei ateb cynnil. 'Pam nad ei di i Sgotland?' meddai un hen gymêr, gan dynnu sylw John at fap o Brydain Fawr, ac ychwanegu, 'Sbia, mi gei di ffri-wîl yr holl ffordd o dop Sgotland i Fethal.' Na, welodd Sgotland mo John ar gefn ei Hercules yn ei gôt law Columbo. Bangor oedd pen draw'r byd iddo cyn belled ag roedd reidio beic yn y bod.

Digon o waith y byddai'r Ail Ryfel Byd wedi dod i ben ynghynt petae Brenin Prydain Fawr wedi sicrhau gwasanaeth John Cefn Bach. Pan ddaeth y dydd iddo ateb yr alwad i ymuno â'r Lluoedd Arfog, buan iawn y sylweddolodd yr awdurdodau nad oedd gobaith iddo wneud ei ran yn erbyn Hitler a'i griw. Yn wir, fyddai John ddim llawer o gymorth i Hôm Gard y pentre', hyd yn oed.

Gweithio ar y tir fu ei hanes dros gyfnod y rhyfel. Cafodd le ar fferm Y Fachell yn Llanddeinolen. Bob nos, fe fyddai'n dod at John Seu a minnau am sgwrs. Yn naturiol, fe fydden ni'n gofyn iddo be' fuodd o'n wneud heddiw, ac ateb John yn ddi-feth oedd, 'Hel cerrig.' Dyna'r ateb bob nos am wythnosau, gyda'r canlyniad fod John Seu a minnau'n cael pyliau o biffian chwerthin. Fodd bynnag, un noson fe ddaeth John draw a'i wyneb o'n ddu, fel petae wedi bod yn glanhau simdde. 'Be' fuost ti'n neud heddiw, John – hel cerrig?' 'Naci, wheit washio.' Wel, fe drodd y piffian yn chwerthin afreolus y noson honno, a John druan yn methu'n lân â gweld y jôc.

Bob Dan oedd y cynta' o driawd Cefn Bach i ymadael â'r fuchedd hon. Bu'n diodde' am fisoedd, ac yn ystod ei ddyddiau ola', yn unol â hen draddodiad yr ardal, arferai cymdogion caredig aros ar eu 'traed nos' gyda'r claf, fel y gallai John a Lusa gael ychydig o orffwys. Er tristed y sefyllfa, fe ddôi gwên i wyneb y gwarchodwyr nos wrth ddisgrifio'r olygfa yn siambar Cefn Bach. Bob Dan yn ymladd am ei oriau ola', ac yn y groglofft, John yn belen gron o bymtheg stôn, yn chwyrnu fel tarw dwyflwydd yng nghesail Lusa, a oedd bron yr un siâp corfforol â'i fab. O dan y gwely wenscot, yn ogystal â'r pot-taro-deigryn, roedd tua dwsin o boteli Vimto. Fe arferai John yfed potel gyfa' o Vimto cyn mynd i'r ciando bob nos. Doedd lemonêd, nac unrhyw ddiod o liw arall, ddim ar y meniw o gwbwl; rhaid oedd i'r ddiod fod o liw coch. Pan âi at y doctor, a hwnnw'n paratoi potelaid o ffisig iddo, chymerai John yr un llwyaid o'r stwff os nad oedd yn ffisig coch. Roedd ganddo ffydd mewn ffisig coch.

Rhyw gwta bum mlynedd gafodd Lusa yn yr hen fyd 'ma ar ôl ei gŵr. Dim ond unwaith roedd Myra, fy mhriod, wedi ei chyfarfod, pan alwodd hi acw ychydig ddyddiau ar ôl i ni briodi efo presant priodas i ni, sef paced o 'Cream Crackers'. 'Presant bach gin John a finna,' meddai. Bore c'nebrwng Lusa, galwodd John acw yn chwys diferol gan ofyn i Myra, 'Fasach chi'n licio dod i g'nebrwng Mam?' 'Ond John,' meddai Myra, 'diolch yn fawr iti, ond do'n i ddim yn nabod dy fam yn dda iawn.'

'Na, plis dowch,' crefodd John, ac fe ufuddhaodd Myra. Erbyn deall, roedd amryw o 'ddieithriaid' wedi cael gwahoddiad i g'nebrwng Lusa, ac roedd John wedi ordro llond maes parcio o geir, ac yn mynd o gwmpas y pentre' i chwilio am wirfoddolwyr i'w llenwi. Do, fe gafodd Lusa Cefn Bach g'nebrwng reit barchus. C'nebrwng go fawr hefyd.

Wedi colli'r ddau, fu dim llawer o lewyrch ar aelwyd Cefn Bach, a doedd hi'n fawr o syndod fod y lle'n baradwys i lygod. Doedd John erioed wedi bod yn berchen hwfer a doedd ganddo fo chwaith ddim syniad sut i osod trap llygod. Do, fe driodd, ond llygod cyfrwys a chall oedd tenantiaid Cefn Bach. Pan godai John yn y bore roedd y caws wedi diflannu a'r llygod yn llechu yn eu tyllau i aros am wledd arall yn ystod y nos. Oedd, roedd yr 'Imperial Hotel' yn un bum seren i'r llygod hefyd.

Huw Cefn Gwyn awgrymodd iddo, 'Dew John, cath wyt ti isio. Ma gin i un dda gei di. Mi gwertha' i hi iti am hannar coron.' Derbyniodd John y cynnig, ac un noson dywyll fe gludwyd Teigar ar dractor i Cefn Bach. Rŵan, roedd Teigar wedi hen basio oed yr addewid i gathod. Roedd hi'n gloff, yn rhannol ddall ac roedd ei dyddiau hela wedi dod i ben ers blynyddoedd. Ei hunig bleser bellach oedd platiad o sbarion cinio, soseriad o lefrith yn syth o bwrs y fuwch, a chornel gynnes yng nghegin Cefn Gwyn i ddiogi i gyfeiliant ei grwndi ei hun. Na, doedd gan Teigar ddim diddordeb mewn llygod, na'r egni i'w dal. Ymhen tua mis fe sylweddolodd John fod mwy o lygod yn manteisio ar gyfleusterau a moethusrwydd Cefn Bach nag oedd yno cyn i Teigar gyrraedd.

Yn blygeiniol un bore clywyd cnoc ar ddrws Cefn Gwyn. John oedd yno yn ei gôt law Columbo, ac os mai ar gefn ei feic y daeth o, roedd o yn sicr ar gefn ei geffyl y bore hwnnw. Heb gyfarchion boreol na dim, fe daniodd John ei neges. 'Ylwch, Huw Wilias, y blydi cath 'na werthoch chi i mi am hannar coron, dydi hi ddim yn gweithio. Ma'r llygod yn downsio o'i chwmpas hi, ac ma'r uffar bowld wedi byta fy ffish i. Dowch acw i nôl eich blydi cath, a dw i isio fy hannar coron yn ôl, Huw Wilias. Dydi hi'n dda i ddim ond i'w boddi.'

Do, fe gafodd yr hogia' lawer o hwyl yn nhafarn Gors Bach wrth glywed Huw Cefn Gwyn yn dweud hanes John Cefn Bach a'r gath ddall a werthwyd iddo am hanner coron.

Os cafodd ei fam g'nebrwng go fawr, fe gafodd yntau un eitha' parchus hefyd. Roedd pawb yn yr ardal yn ei nabod. Roedd o'n gymeriad oherwydd ei ddiniweidrwydd. Wrth ddilyn yr hers i fynwent Llanddeiniolen ar ddiwrnod ei angladd, fedrwn i ddim llai na gwenu, a gollwng deigryn hefyd, o gofio amdanon ni'n chwarae c'nebrwng sawl blwyddyn ynghynt, a John yn llyncu mul am na châi fod yn hers.

Ar y pnawn oer hwnnw o Chwefror 1985, John oedd ar y blaen.

YNG NGHWMNI HTV

Dros y blynyddoedd, rydw i wedi cael cyfle i wneud llawer o waith rhan-amser, fel clerc i'r cyngor plwy', a beirniadu mewn eisteddfodau. Ond y pleser mwya' a gefais dros gyfnod o chwarter canrif oedd gweithio i gwmni HTV yn y ddwy brif eisteddfod, yn ogystal â'r Ŵyl Gerdd Dant, y Sioe Amaethyddol a Chynhadledd Plaid Cymru.

Yn gynnar iawn yn fy ngyrfa fel athro mi gefais fy nhemtio i newid swydd, ond roedd yna un bwgan, sef y byddai'n ofynnol i mi symud i Gaerdydd. Ond hogyn bach o'r wlad oeddwn i, un oedd yn hoffi deffro bob bore a gweld caeau a mynyddoedd. Hefyd, roedd Myra'n berffaith hapus yn ei gwaith fel nyrs ardal. Ond, mae gen i atgofion melys iawn am y cyfnod cynnar yn swyddfa un-bwrdd-dwy-gadair-a-ffôn HTV ar lawr ucha' hen swyddfa'r *Chronicle* ym Mangor.

Myfyriwr yn y Coleg Normal oeddwn i ar y pryd. Fy nyletswydd oedd chwilio am straeon diddorol i Gwilym Owen a'r criw ar gyfer rhaglen 'Y Dydd', yn ogystal â chael mân eitemau ar gyfer 'Ffilmiau'r Dydd', pryd y cydweithiwn â'm cyfaill Gareth Owen, y gŵr camera a oedd yn dechrau ar ei yrfa lwyddiannus. Un o'r eitemau cynta' i mi drefnu efo Gareth oedd trip rownd Sir Fôn yn y stemar fach, gan gychwyn o Borthaethwy.

Roedd y sgript wedi'i pharatoi'n ofalus – Pont Menai, Castell Biwmares, Ynys Seiriol, Moelfre – pob man o ddiddordeb ar y fordaith, hyd at dre' Caernarfon a'r castell ac angorfa Twm Huws o Ben-y-ceunant yn Y Felinheli.

Roedd criw HTV, sef y ddau ohonon ni, wedi cyrraedd Porthaethwy yn brydlon. Cyn mentro ar fwrdd y llong fe aethom, fel llongwyr profiadol, i flasu peint neu ddau o Black an' Tan yn y

Liverpool Arms ac, yn unol â thraddodiad morwyr, rỳm neu ddau hefyd.

'*Would the HTV crew please report to the Captain.*' Dyna'r neges a glywsom ar yr uchelseinydd wrth i ni esgyn i'r llong. Gwnaethom hynny, a chawsom ein harwain i grombil cyfyng y stemar, lle roedd cinio anferth wedi ei baratoi ar ein cyfer. Roedd Afon Menai'n dawnsio y diwrnod hwnnw, a'r môr yn dangos ei ddannedd. Roedd y Black an' Tan a'r rỳm yn corddi yn ein stumogau ni, a chinio'r Capten yn mynnu cweryla â'r cyfan. Roedden ni'n sâl môr o ddifri'.

Fe aeth rhediad y sgript yn rhacs. Roedd y stemar wedi hen basio Biwmares, Ynys Seiriol a Moelfre, a ninnau'n dal i farw'n gyfoglyd yng nghrombil y llong. Yn wir, y lle cynta' o ddiddordeb i ni ei weld oedd Atomfa'r Wylfa, ac roedd honno'n siglo o flaen ein llygaid fel petae daeargryn ar Ynys Môn.

Ond fe lwyddon ni, drwy ryw ryfedd wyrth, i gael lluniau i gydredeg â'r sgript. Mae'n wir mai'n ddiweddarach yn yr wythnos y gwnaed peth o'r gwaith ffilmio, a hynny efo daear gadarn Môn ac Arfon dan ein traed. Hyd heddiw, mae Gareth a minnau'n bendant o'r farn mai cinio'r Capten fu'n gyfrifol am y salwch, yn enwedig y cawl melyn, tew hwnnw. Rydw i'n ei weld o'r munud yma. Ych a fi!

. . .

Ond yr atgofion eisteddfodol sy'n mynnu dod i gof. Alun Rhys (a ymunodd yn ddiweddarach â'r BBC) oedd fy mhartner ac fe gawsom brofiadau cofiadwy dros y blynyddoedd.

Roedd o'n waith caled rhedeg o gefn y Pafiliwn yn ôl a blaen i'r stiwdio ar y Maes, gydag enillwyr y gwahanol gystadlaethau. Hefyd, yn y dyddiau cynnar, roedd hi'n gystadleuaeth rhwng y BBC a HTV, y ddau gwmni eisiau'r enillwyr. Fe fyddai'r rhaglen yn mynd allan yn fyw oddi ar y patio ac, yn amlach na pheidio, pinacl y rhaglen fyddai cael côr i gloi. Cofiaf un tro i mi gael andros o drafferth i dywys un côr pensiynwyr buddugol o'r llwyfan i'r stiwdio drwy fôr o fwd, a dim ond prin gyrraedd mewn pryd ar gyfer y rhaglen.

Fy nghyfrifoldeb i ar ddyddiau'r prif seremonïau yn yr Eisteddfod Genedlaethol fyddai tywys y Prifeirdd a'r Prif Lenor i'r gwahanol gyfweliadau, gan sicrhau y bydden nhw yn stiwdio HTV i'w cyfweld ar y rhaglen. Rydw i'n cofio Prifwyl Bangor 1971 – Emrys Roberts oedd bardd y Gadair, ac roeddwn wedi bod efo fo drwy'r pnawn mewn gwahanol gyfweliadau, ac wedi dod â fo mewn da bryd ar gyfer rhaglen fyw HTV. Tua phum munud cyn mynd ar yr awyr, ymddangosodd Gwilym Owen yn eitha' cynhyrfus gan holi, 'Ble mae o?'

'Pwy?' meddwn. 'Wel, y bardd, siŵr – Emrys – rwyt ti wedi bod efo fo drwy'r pnawn, a rŵan pan dw i isio fo, dydi o ddim yma! Yli,' medda fo, mewn cythraul o dymer, 'dos i chwilio amdano fo rŵan, a dos ditha efo fo,' meddai wrth Emyr Daniel, a oedd newydd ddechrau gweithio efo'r cwmni yr wythnos honno. Dew, roedd Gwilym ar gefn ei geffyl ac Emyr Daniel, yn ei ddychryn, yn gofyn i mi'n eitha' parchus, chwarae teg iddo, 'Esgusodwch fi, Selwyn, ond am bwy ryden ni'n chwilio?'

Trwy gydol y ddrama, roedd Emrys yn eistedd yn ddistaw tu ôl i'r babell yn mwynhau gweld Gwilym Owen mewn panig.

Mae'r seiadau gyda'r nos yn aros yn y cof. Fel arfer, yr un criw fyddai'n mynd ar y bererindod flynyddol i'r Brifwyl, gyda'r hen bererin, y diweddar Alun Pierce, yn ein cadw ni'n effro efo'r 'ogla drwg uffernol' ar 'Drowsus Bach Fy Nain' tan oriau mân y bore.

Cofio aros mewn gwesty yn Llangadog yn ystod Prifwyl Rhydaman yn 1970. Gwilym a minnau newydd gyrraedd ein hystafell. Cnoc ar y drws. Alun oedd yno. 'Mae hi'n OK, hogia', mi gawn ni aros yn y bar tan oriau mân y bora, dw i wedi cael gair efo Gibbs.' Gibbs? Pwy goblyn oedd Gibbs? Yn ddiweddarach, mynd i lawr i'r bar a chanfod mai Gibbs oedd y barman, a doedd ganddo yr un dant yn ei ben. Ond fe fu Gibbs yn farman ardderchog i ni drwy gydol yr wythnos, diolch i Alun.

Yn y gwesty yn Llangadog y cyfarfu Alun â Phyllips hefyd, neu yn hytrach Proffesor Phyllips (gyda'r pwyslais ar yr 'y'). Digwydd gwrando ar y rhaglen 'Byd Natur' ar y radio roeddwn i rywdro ddechrau haf 1970. Alun oedd yn ceisio cael cymorth y panel oherwydd bod nifer o'i ieir o'n marw, ac roedd hyn, yn naturiol, yn achosi pryder iddo. Mae'n siŵr i'r panel roi esboniad ac ambell awgrym iddo.

Yn ddiweddarach, cefais innau fy nhemtio i ffonio Alun, a mabwysiadu rhyw fath o acen ddeheuol i gydymdeimlo ag o ac i gynnig cymorth. Dywedais wrtho fy mod i'n gweithio yn Adran Amaeth, Coleg y Brifysgol, Aberystwyth. Wedi sgwrsio ynglŷn â'r broblem, awgrymais iddo anfon sampl o faw'r ieir i gael ei archwilio a'i ddadansoddi ac, o bosib, y gallwn ddarganfod beth oedd yn gyfrifol am ladd yr ieir. Alun yn torri ar draws ac yn gofyn pwy oeddwn i. Ar amrantiad atebais, 'Proffesor Phyllips o Adran Amaeth, Coleg y Brifysgol, Aberystwyth.'

'Ydach chi erioed yn deud wrtha' i,' meddai Alun, 'os anfona' i sampl o faw yr ieir 'ma i chi i'r Coleg 'na, y medrwch chi ddeud wrtha' i be' sy'n eu lladd nhw?'

'Mi allwn i roi syniad go dda i chi,' meddai'r gŵr gwybodus.

'Faint o'r baw ieir 'ma ydach chi isio?' oedd cwestiwn nesa' Alun. Mi fentrais awgrymu, 'Wel, dwedwch . . . llond bocs sgidie go dda.'

Clywais floedd o'r ochr arall. ''Rarglwydd mawr, ddyn, llond bocs sgidia? Mi fydd 'na ddrewdod uffernol erbyn i hwnnw gyrraedd Aberystwyth.'

Dyna ddechrau'r ddrama rhwng Proffesor Phyllips ac Alun. Roedd o wedi adrodd y stori i ni sawl tro ac wedi ychwanegu peth at y ddeialog yn ei ddull lliwgar ei hun.

Yn ystod Eisteddfod Rhydaman, roedden ni'n aros yn Llangadog, ac fe roed ar ddeall i Alun fod y Proffesor Phyllips 'ma'n byw yn yr ardal. Fe drefnwyd i Gwyn Llewelyn (os cofiaf) roi cefndir y stori i un o'r cymeriadau lleol, ac wedyn fe gyflwynwyd Alun i'r Proffesor Baw Ieir. Bu'r ddau'n sgwrsio drwy gydol y noson, a phan ofynnwyd i Alun pwy oedd y brawd, atebodd, 'Proffesor o Goleg Aberystwyth, BSc, dew, boi gwybodus. Gwbod pob dim am gachu ieir, a gyda llaw, Phyllips ydi ei enw fo, nid Phillips.'

Fedra i ddim llai na meddwl mai Alun oedd yn cael hwyl am fy mhen i ar ddiwedd y noson honno.

Cyfarwydd Caer

Fe'i bedyddiwyd yn Cyfarwydd Caer am mai un o fanno oedd o, ac am na chafodd ei freintio â'r ddawn i ddweud stori. Yn Eisteddfod Bro Dwyfor 1975 y daethom i gysylltiad â'r cyfaill yma. Roedden ni'n mwynhau ambell beint ac yn gwrando ar Alun yn dweud straeon.

Yna, fe fynnodd y 'Cyfarwydd' ddweud stori. Un o'r straeon diflas, hirwyntog hynny, a'i hergyd glo hi mor fflat â chrempog. Fe fynnodd gael encôr, heb i neb wneud cais am hynny. Y bore dilynol, fe ddaeth i gydfrecwasta efo ni, ac fe aflonyddwyd arnom gan ryw wenynen. Ceisiodd y 'Cyfarwydd' ei orau glas i gael 'madael â hi ond aflwyddiannus fu pob ymdrech. Fedrwn i ddim ymatal ac mi ddywedais wrtho, 'Deudwch stori wrthi, gyfaill, ac mi fydd hi'n siŵr o fynd allan.'

Andre Previn

Er mawr gywilydd imi, doeddwn i erioed wedi clywed am y cerddor enwog Andre Previn hyd nes i'r diweddar Gwyn Erfyl fy nghyflwyno i ryw reolwr banc parchus gan honni mai Andre Previn oeddwn i.

Yng ngwesty Bron Eifion, Cricieth yr oedden ni, ar achlysur Eisteddfod Genedlaethol Bro Dwyfor 1975. Roedd y ffordd y cyflwynodd Gwyn Erfyl fi yn awgrymu i mi mai tramorwr oedd yr Andre Previn 'ma, ac mi sylweddolais yn ddiweddarach bod rhyw debygrwydd rhyngon ni o ran pryd a gwedd ac yn steil ein gwalltiau. Yn anffodus, doedd gen i ddim gwybodaeth gerddorol, na fawr o ddiddordeb mewn cerddoriaeth glasurol. Oeddwn, roeddwn i yn y tywyllwch cyn belled ag yr oedd gyrfa Andre Previn yn bod.

Roedd y rheolwr banc yn hynod falch o gyfarfod gŵr mor enwog, ac fe ofynnwyd a fyddwn i'n fodlon cael fy nghyflwyno i'w gyfeillion. Cytunais, a bûm yn ysgwyd llaw a chyfarch tua dwsin neu fwy ohonyn nhw. Diolch i'r drefn, doedd yna'r un ohonyn nhw'n nabod Selwyn Griffith.

Gofynnodd un ohonyn nhw i mi, *'Have you been in this part of Wales before?'* Bu bron i mi ollwng y gath o'r cwd pan atebais efo acen dramor, *'Yes, I have been to Butlin's.'* Fel y deallais gan Gwyn Erfyl yn ddiweddarach, dyna'r lle ola' y byddai un fel Andre Previn yn ymweld ag o.

Cyn diwedd y noson, fe sylweddolodd y bancwr iddo gael ei dwyllo, nid yn unig y fo ond ei gyfeillion hefyd. Ia, dyn blin iawn oedd y rheolwr banc a ymadawodd â Bron Eifion y noson honno, ac mi ges innau'r rhyddhad o ddod yn ôl yn Selwyn Griffith.

Ond y bore Sul dilynol, roedd rhai'n dal i goelio bod Andre Previn ym Mron Eifion, ac mi gefais ambell gais am lofnod. Yn wir, fe ofynnodd un hen wraig imi a fyddwn i cystal â rhoi tonc ar y piano.

Do, mi wnes i fwynhau'r profiad o fod yn Andre Previn am ychydig ddyddiau, diolch i Gwyn Erfyl am ei weledigaeth, ac mi gymerais fwy o ddiddordeb yng ngyrfa'r cerddor enwog ar ôl hynny.

• • •

Roedd yna hen dynnu coes yn ystod yr eisteddfodau. Fe fyddai'r hen gyfaill John Thomas, *Y Cloriannydd*, Llangefni, yn aros efo ni.

Rydw i'n cofio Gwilym a minnau'n ei ddilyn ar draws maes un o eisteddfodau'r Urdd pan oedd John ar frys i gyrraedd un o'r toiledau. Yr hen doiledau un rhes oedd y rhain, ond fe lwyddodd John Thomas i stwffio i un bwlch gwag i gael rhyddhad. Ninnau'n gweiddi yn y drws, 'Oes 'na rywun wedi gweld John Thomas o Langefni yma? Mae o'n bwysig.'

John yn cynhyrfu'n lân, yn troi i'r chwith a'r dde ac i bob cyfeiriad arall, gan ateb 'Dyma fi,' nes roedd y ddau gyfaill (os cyfeillion hefyd) o boptu iddo yn teimlo rhyw damprwydd annisgwyl yn eu hesgidiau.

Roeddwn i wrth fy modd yn clywed Gwilym Owen yn dadlau,

ac roedd yntau wrth ei fodd yn cael bwrw'i fol mewn dadl. Yn wir, byddai Eifion Lloyd Jones a minnau'n gyrru'r cwch i'r dŵr yn fwriadol ambell dro, er mwyn cael y pleser o glywed Gwilym ar gefn ei geffyl. Mae'n dweud yn ei hunangofiant y byddai'r diweddar I B Griffith wedi gwneud Aelod Seneddol gwych. Dw i o'r farn y byddai Gwilym wedi gallu llenwi'r un swydd yn anrhydeddus hefyd. Yn y maes gwleidyddol mae ei ddadleuon o fwya' tanbaid.

Cofio seiat gyda'r nos yn un o gynadleddau Plaid Cymru yn Aberystwyth, a phwy oedd efo ni wrth y bwrdd ond Winifred Ewing, yr Aelod Seneddol dros Blaid Genedlaethol yr Alban. Roedd y sgwrs yn felys, ond buan iawn y trodd yn ddadl, ac yn ddadl boeth rhwng Gwilym a'r foneddiges o'r Alban. Tua thri o'r gloch y bore, fe gododd Mrs Ewing gan bwyntio'n unigol at bob un ohonom a datgan, *'I like you . . . I like you,'* ac yna, gyda thân yn ei llygaid a chan sodro'i bys bron i lygad Gwilym, fe daranodd, *'I hate you'* a diflannodd mewn andros o dymer. Buddugoliaeth arall i Gwilym ym maes y dadlau.

. . .

Byddai rhaglen 'Yr Wythnos' ymlaen ar nos Lun, ac fel arfer, fe fyddai Gwilym wedi penderfynu pa bwnc y byddai'n ei drafod mewn da bryd. Ond ambell dro, oherwydd i ryw newyddion syfrdanol ein cyrraedd, rhaid fyddai newid y trefniadau ar fyr rybudd.

Yn aml iawn, fe ddigwyddai hyn ddiwedd yr wythnos, ac fe olygai fy mod i'n rhedeg a rhuthro i geisio perswadio pobol i fynd i Gaerdydd ar fyr rybudd. Trefnu, ambell dro, i fynd â rhai yn y car i'r brifddinas neu i orsaf Bangor i ddal y trên cynnar ar fore Llun. Problem fwy, ar yr achlysuron hynny, oedd bod amryw heb ffôn a rhaid oedd mynd i'w cartrefi i geisio'u perswadio.

Rydw i'n cofio i Gwilym gael syniad gwreiddiol un tro, sef anfon Bill Parry i wneud adroddiad o'r Sioe Gychod yn Llundain, a minnau'n mynd â'r anturiaethwr enwog i orsaf Bangor gan fawr hyderu y byddai'n cyrraedd Llundain yn ddiogel, gan gofio i'w daith i Awstralia orffen yn froc ar draeth y Belan. Wrth lwc, fe gyrhaeddodd Capten Parry y Sioe Gychod a'i draed yn sych.

Rydw i'n cofio dreifio'n wyllt wirion i fynd â ffilmiau i Gaerdydd ar gyfer rhaglen 'Y Dydd'. Cychwyn yn gynnar yn y pnawn ar ôl gorffen ffilmio, efo dedlein i gyrraedd Stiwdio Pontcanna ychydig wedi pump. Roedd hyn yn y dyddiau cyn bod sôn am ffyrdd osgoi Dolgellau, Llanidloes, Aberhonddu a Merthyr. Cael a chael fu hi ambell dro, a diolch i'r drefn, doedd gan ein Prif Gwnstabliaid ddim camerâu bryd hynny.

• • •

Anaml iawn y byddai Gwilym Owen yn colli mewn dadl ond fe gollodd unwaith yn un o'r seiadau Sadyrnol a gynhelid yn nhafarn Gors Bach.

Roedd Gwilym, Gareth Owen y gŵr camera, a minnau'n byw ym Methel, ac ar y pryd, roedd Eifion Lloyd Jones yn byw yn Nhregarth. Seiadau difyr oedd seiadau'r Gors Bach.

Roedd Eifion a minnau o'r farn y dylid cael telediad o'r Ŵyl Gerdd Dant ar slot 'Yr Wythnos'. Dadl Gwilym oedd nad eitem o newyddion oedd yr Ŵyl. Ninnau yr un mor bendant fod yr Ŵyl yn achlysur unigryw i ni fel cenedl. Fe ildiodd Gwilym, ac fe recordiwyd yr Ŵyl Gerdd Dant ar y Sadwrn yn Llansannan a'i dangos ar y nos Lun ddilynol.

Mae yna sawl atgof arall o'r cyfnod hapus hwn yn dod i'r cof, ond gwell i mi gau pen y mwdwl ar y bennod hon, rwy'n credu.

Y BUSNES CRWYDRO 'MA

Cyfaill yn awgrymu i mi ychydig yn ôl, 'Mi fyddet ti'n ŵr cyfoethog iawn petaet ti heb grwydro cymaint!' Digon gwir, cyn belled ag y mae 'nghyfrif banc yn bod.

Ond, dw i'n berffaith sicr fy mod i'n gyfoethocach o gryn dipyn. Dw i'n falch hefyd i mi dderbyn cyngor i wneud teithiau pell cyn i mi fynd yn rhy fusgrell ac yn rhy flinedig. Mae angen stamina i deithio.

Dw i'n barod i gyfaddef bellach, 'Daeth i ben deithio byd'. Mi fûm i'n ystyried mynd unwaith eto i'r Wladfa a manteisio ar y cyfle i ymweld â'r Eisteddfod yn ystod fy nhymor fel Archdderwydd. Penderfynu peidio. Majorca fydd y lle pella' mwyach.

Rwy'n cytuno gant y cant â'r hen ddihareb Sieiniaidd, sef 'fod y sawl sydd wedi teithio mil o filltiroedd yn ddoethach person na'r sawl sydd wedi darllen mil o lyfrau'. Mae dihareb arall o eiddo'r Sieineaid yn werth i ni i gyd ei hystyried, sef 'os ydych chi'n marw efo ceiniog yn y banc, yna, dydych chi ddim wedi byw bywyd llawn'.

Ac onid Oscar Wilde a ddywedodd, 'Fe wnaed arian i gael eu gwario'. A chofiwch am ei ateb pan ofynnodd gŵr y tollau iddo, '*Anything to declare?*' Ateb Oscar Wilde oedd, '*Only my genius!*'

Tueddu i edrych yn ôl yn hytrach nag edrych ymlaen mae rhai fel fi sydd wedi treulio dros dri chwarter canrif ar y ddaear. Edrych yn ôl gyda diolch. A'r diolch pennaf am gael nerth ac iechyd i gyflawni fy nyletswyddau, i grwydro'r byd ac i fwynhau fy mhleserau. Fedra' i ddim meddwl am lawer o lefydd y carwn i ymweld â nhw bellach. Efallai y carwn i fod wedi gweld Everest, am y ffaith fy mod i wedi bod yng ngwaelod y byd, ac y carwn i fedru dweud i mi weld ei gopa fo hefyd. Dim ond ei weld a medru dweud 'Dacw fo'.

Ond, yn nyddiau glas fy mhlentyndod, roedd y Rhyl yn baradwys bell i mi. Mis y gwyliau-pwced-a-rhaw oedd mis Awst. Cofio'r clocsiau o geir yn herio'i gilydd dan gawod o sgrechiadau yn y Marine Lake. Trên-bach-tylwyth-teg yn tuchan wrth smocio'i ffordd o amgylch y llyn. Mae'n siŵr gen i mai ar drip Ysgol Sul i'r Rhyl y profais i flas-india-roc y gusan gynta' yng ngwynfyd twnnel y cariadon, pan oedden ni'n blantos diniwed yn breuddwydio'n felys ein byd, ac yn cuddio ein swildod tu ôl i gymylau pinc o gandi-fflos. Oedd, roedd y Rhyl yn baradwys, ond fyddwn i ddim yn ystyried mynd yno am ddiwrnod bellach, oni bai bod gêm bêl-droed i'm denu.

. . .

Fe afaelodd y clwy' crwydro a'r ysfa i weld y byd ynof fi yn gynnar iawn. Mynd hefo'r diweddar I B Griffith a chriw o ieuenctid y fro i wledydd Ewrop. Cofiaf yn dda mai un o'm ffrindiau ar y tripiau hynny oedd y diweddar Gwenlyn Parry. Mynd i le o'r enw Axel yn yr Iseldiroedd roedden ni, a Gwenlyn a chriw o hogia Deiniolen yn dod ar y bws yng Nghaernarfon.

Geiriau cyfarch Gwenlyn oedd, 'A oes te yn Ostend?' Atebais innau, 'Oxo sy' i gael yn Axel.' A dyna'r ddeialog gynta' fu rhyngom. Pan fyddem yn cyfarfod ar faes y Brifwyl bob blwyddyn, ar ôl dymuno 'Blwyddyn Newydd Dda' i'n gilydd, fe fydden ni'n ailadrodd y ddeialog uchod ac yn atgoffa'n gilydd am wyliau hapus ein harddegau yng nghwmni IB.

. . .

O edrych yn ôl, dw i'n hynod falch i mi ymweld â rhai llefydd. Dw i'n credu y dylai pawb sy'n awyddus i grwydro'r byd wneud ymdrech i ymweld â Rhufain, Athen a Jeriwsalem. Diolchais sawl tro i mi ymweld ag Israel pan oedd hi'n ddiogel i wneud hynny.

Dinas arall yr oeddwn i'n awyddus i'w gweld oedd Rio de Janeiro. Roeddwn wedi gweld lluniau o'r lle ac yn gyfarwydd â'r hen ddywediad fod Duw wedi cymryd chwe diwrnod i greu'r byd ac, ar y seithfed dydd, fe benderfynodd greu Rio. Ia, y lle delfrydol hwnnw yn Ne America, lle gwelodd y 'Congrinero' o Ryd-ddu y ferch hudolus honno ar y cei, a lle bu Ronnie Biggs yn mwynhau blynyddoedd o ryddid ar ôl y lladrad trên. Rio, dinas y carnifal.

· · ·

Wrth gwrs, mae America'n sicr o ddenu'r rhai sydd â'r ysfa i deithio. Os am fwynhau golygfeydd yn ogystal ag adloniant, wel, codwch docyn awyren i Los Angeles. Yma fe gewch holl bleserau Disneyland, a chyfle i grwydro o gwmpas stiwdios a strydoedd Hollywood a Beverly Hills.

Wrth gwrs, o fynd i'r rhan yma o'r byd, rhaid ymweld â Las Vegas a cheisio gwneud eich ffortiwn ym mharadwys y gamblwyr! Bu fy mhriod, Myra, yn ddynes gyfoethog iawn yno am ryw ddwy awr, ond roedd y demtasiwn yn ormod ac fe lithrodd y 'ffortiwn' i gyd yn ôl i arffed y lleidr unfraich cyn diwedd y noson.

Fedrwch chi ddim mynd i'r rhan yma o'r byd chwaith heb weld un o ryfeddodau mwya'r cread – y Grand Canyon. Os magwch chi ddigon o blwc i hedfan drosto mewn awyren ysgafn, anghofiwch chi byth mo'r profiad. O'r holl lefydd y buon ni ynddyn nhw, dyma'r unig le i mi weld Myra'n colli dagrau. Na, nid am fod arni ofn, nid am iddi golli 'ffortiwn' yn Las Vegas, ond am fod yr olygfa anhygoel wedi'i syfrdanu hi gymaint. 'Wnes i 'rioed ddychmygu y cawn i weld hyn,' meddai, a'r dagrau'n llifo.

· · ·

Fûm i erioed yn or-hoff o hedfan. Bob tro y byddwn i'n clywed yr olwynion yn cusanu'r tarmac wrth lanio adre', mi fyddwn i'n dweud, 'Dyna'r tro ola', dim mwy o hedfan.' Ond cyn pen dim roedd hi'n amser codi pac a mynd eto. Os am weld y byd, rhaid mentro. Mae'n dda nad oes neb yn trefnu damwain nac yn rhagweld un. Mae damwain bob tro yn dod yn annisgwyl, a diolch am hynny.

O'r holl hedfan dw i wedi'i wneud, dim ond tair gwaith dw i wedi cael achos i 'ofni', a wyddwn i ddim oll am yr achlysur cynta'.

Hwnnw hefyd oedd y tro cynta' erioed i mi hedfan. Roedd y diweddar T Gwynn Jones (Gwynn Tregarth) a minnau'n mynd o Lundain i Leningrad. O Leningrad i Fosgo wedyn, a phopeth yn iawn. Roeddwn i'n cysuro fy hun: os oedd y Rwsiaid yn gallu anfon dynion a chŵn i'r gofod, gallwn innau ymddiried yn eu hawyrennau. Roedd Gwynn a minnau'n ffarwelio ym Mosgo – fo'n mynd i Tashkent a Samarkand, a minnau i Kiev a Yalta. Pan lanion ni, roedd bron pawb wedi cynhyrfu ac yn rhoi ochenaid o ryddhad. Y rheswm am hyn oedd fod ein hawyren o fewn dim i gael gwrthdrawiad ag awyren arall wrth lanio. Wyddwn i ddim am y peth – a diolch i'r drefn.

Yr ail dro oedd dod i faes awyr Manceinion o Agadir ym Moroco. Roedden ni ddeg awr yn hwyr oherwydd fod Prydain o dan niwl trwchus. Roedd hi'n nos ac yn dal yn niwlog wrth i ni agosáu at Fanceinion. Pawb yn dawel. Dim ond sŵn hymian yr awyren. Yna llais y peilot drwy'r tanoi: *'I think I can manage it'.* Bobol bach, fe fasa'n well petai o heb ddweud dim. Roedd pawb mewn panig distaw am yr eiliadau nesa'. Ond fe gusanodd y 747 y tarmac a rhoddodd pawb ochenaid o ryddhad. 'Dim mwy o hedfan,' meddwn.

Y drydedd waith oedd yn Rio de Janeiro. Glanio yno mewn niwl eto, a storm o law taranau. A ninnau ar fin glanio, fe gododd yr awyren yn syth i'r awyr eto nes dychryn pawb. Cafwyd gair dros y tanoi: *'Sorry about that. No need to panic. We'll try again.'*

Doeddwn i erioed wedi bod yn Rio ond mi wyddwn am y lle o weld lluniau. Mi wyddwn hefyd am y mynyddoedd o gwmpas y ddinas. Niwl, mynyddoedd, mellt, storm. Dim ond cau llygaid a gobeithio'r gorau. Gweddi fach dawel a glanio'n ddiogel yng nghanol y glaw, yn ninas y carnifal.

Yn rhyfedd iawn, dw i wedi cael daeargryn mewn tair gwlad wahanol hefyd, ond wyddwn i ddim am y cynta' nes i mi ddarllen amdano yn y papur newydd drannoeth. Yn Athen, prifddinas Groeg, roedd hynny.

Dw i'n cofio'r ail ddaeargryn yn iawn. Yng Nghyprus roeddwn i, tua naw y bore o flaen y pwll nofio. Do, mi glywais y cryndod ac mi welais i'r gwesty'n siglo. Digwyddodd, darfu . . . ac o fewn eiliadau roedd pawb allan ar y balconi wedi cynhyrfu'n lân.

Ar dir Cymru y bu'r trydydd – yma yng Ngwynedd ar 19 Gorffennaf, 1984, ac fe gafodd nifer ohonoch chithau'r un profiad, reit siŵr, ac mae'n aros yn y cof. Mae'r daeargryn lleia' yn ysgwyd dyn.

Profiad gwahanol oedd croesi'r Iwerydd mewn llong, a cheisio osgoi mynydd enfawr o rew, a hynny heb fod ymhell o'r fan lle suddodd y Titanic. Croesi o'r Ynys Las (Greenland) i America roeddwn i, ac roedd pawb ar y deciau yn mwynhau'r ddrama, a neb yn pryderu am y peryglon.

. . .

Cysgwr gwael ydw i. Pedair neu bum awr yn unig – yna hel meddyliau hyd nes i'r wawr dorri. Wnes i erioed, diolch i'r drefn, brofi'r diflastod o gyfri' defaid. Ond mi fydda' i'n aml yn ymweld yn rhad ac am ddim â mannau arbennig yn yr hen fyd 'ma.

Torheulo ar Draeth Bondai. Cicio pêl ar Draeth Copacabana yn Rio, a dychmygu fu hun yn Pele. Dringo Ayers Rock yn Awstralia, a gweld yr eirth gwynion yn eu cynefin yn yr Arctig. Reidio camel ar gyrion y Sahara. Rhyfeddu wrth sylwi ar byramidiau'r Aifft ac wrth wylio campau'r deifwyr mentrus yn Acapulco. Mynd ar ambell fordaith i Benrhyn y Gogledd a rownd yr Horn, a phrofi stormydd Bae Biscay.

Do, daeth i ben deithio byd yn llythrennol, o bosib, ond mae'r atgofion yn fyw iawn ac mi rydw i'n ystyried fy hun yn eitha' cyfoethog oherwydd hynny.

Dychmygaf glywed gŵr y tollau'n gofyn wrth i mi ddychwelyd o'm taith ola', *'Anything to declare?'* a minnau'n ateb, 'Dim ond f'atgofion, gyfaill.' Ydw, rydw i'n ŵr cyfoethog iawn.

. . .

Profiad hyfryd ydi cael cyfarfod â Chymry a hynny'n gwbwl

annisgwyl mewn gwlad dramor. Mae yna Gymry ym mhob man.

Tua hanner nos oedd hi a minnau newydd gyrraedd y gwesty yn Reykjavik, prifddinas Gwlad yr Iâ. Roeddwn wrthi'n ymbalfalu â'r goriad yn nrws yr ystafell wely pan ganodd y ffôn, cyn bod sôn am ffôn symudol. Syndod, sioc, dychryn, cynhyrfu. Be' sy' wedi digwydd? Pwy sy 'na? Newydd drwg? Dyna'r meddyliau sy'n gwibio drwy feddwl rhywun wrth iddo dderbyn galwad ffôn ac yntau newydd gyrraedd gwlad dramor. Codi'r teclyn yn ofalus a phryderus a sibrwd y cyfarchiad arferol:

'Helô.'

Llond ceg o Gymraeg byrlymus yn llifo drwy'r ffôn.

'Mr Griffith, ia? Selwyn Griffith? O, dach chi wedi cyrraedd. Dw i wedi ffonio sawl tro. Dach chi wedi blino, reit siŵr. Ylwch, mi fydda' i'n galw amdanoch chi am naw o'r gloch bora fory. Mi gewch ddod acw, ac mi a' i â chi o gwmpas y ddinas yma.' Yna saib . . .

'Sori, ddeudis i ddim pwy ydw i, naddo – wel, Leo sy' yma, Leo Munro.'

Na, doeddwn i erioed wedi cyfarfod â'r gŵr croesawgar hwn, ond fe syrthiodd y geiniog i slot fy meddwl blinedig. Roeddwn i wedi bod yn Newquay bythefnos ynghynt efo un o dripiau bysus Arfonia, ac ar y trip hwnnw roeddwn i wedi cyfarfod â Joyce Jones o Fangor. Yn ystod yr wythnos buom yn trafod teithiau i wahanol wledydd.

'Ble ydach chi'n mynd nesa'?' gofynnodd Joyce.

'I Wlad yr Iâ.'

'Gwlad wych,' meddai, 'gwlad ryfeddol. Mi fydda' i'n mynd yno'n aml. Mae fy mrawd yn byw yno ers blynyddoedd.'

Ia, Leo, brawd Joyce, oedd ar y ffôn. Yn anffodus, gan ein bod ni'n cychwyn ar ein taith o gwmpas y wlad y bore wedyn, ni fedrwn fanteisio ar garedigrwydd Leo.

'Mi fyddwn i yma am ddwy noson ar ddiwedd y daith,' meddwn wrtho. 'Mi fydda' innau ar fy ngwyliau yng Nghymru erbyn hynny,' meddai'r gŵr hoffus o Fangor, a oedd yn gyn-athro ysgol yng Ngwlad yr Iâ.

O, ydi, mae'r hen fyd yma'n fach iawn, ac mae yna Gymro neu Gymraes ym mhob rhan ohono.

. . .

Mi ges i alwad ffôn yr un mor gyffrous ac annisgwyl pan oedd T Gwynn Jones a minnau ym mhen draw'r byd yn 1976 gyda pharti o Gymry. Roeddwn yn cyrraedd fy stafell yn Auckland, Seland Newydd, pan ganodd y ffôn. Yr un cwestiynau amheus yn gwibio drwy fy meddwl . . . Pwy? Be' sy? Salwch. Damwain. Ty'd adra.

'Helô,' tawel, crynedig, eto.

'Selwyn, chdi sy' yna? Bob sy 'ma. Bob Cae Dicwm.'

Un o hogia' Penisa'r-waun. Un oeddwn i'n ei nabod yn iawn. Roedd o wedi clywed fy mod yn Auckland gan ei deulu. Roedd gen i dridiau yn Auckland, felly mi fedrwn i dderbyn gwahoddiad caredig Bob i dreulio'r diwrnod yn ei gartre', a melys fu'r gwmnïaeth drwy'r dydd. Cyn mynd oddi yno, gofynnodd Bob: 'Faint ohonoch chi sydd ar y trip yma?'

'Ugain,' meddwn.

Aeth Bob i'w ardd a chasglu ugain o orennau oddi ar y goeden. 'Dyna ti,' meddai, 'oren o un o erddi Seland Newydd i bob un o'r criw.'

Cyrraedd maes awyr Ffiji a gŵr y tollau'n chwilio'r bag llaw oedd gen i. Panig, creisis, rhuthro gwyllt, a'r ffrwythau'n cael eu cipio ymaith ar wib fel petaen nhw'n fomiau. Roeddwn wedi torri'r gyfraith drwy gario ffrwythau o un wlad i'r llall! Diflannodd orennau Bob Cae Dicwm i fol un o fagiau sbwriel Ffiji.

. . .

Fedra' i ddim dweud i mi weld Awstralia y tro cynta' imi fod yno. Dim ond ym Melbourne a Sydney y bûm i; yn wir, bûm yn teimlo'n euog fy mod wedi mynd yr holl ffordd i ben draw'r byd a gweld cyn lleied.

Mi welais i lawer iawn mwy o ryfeddodau Awstralia pan dreuliais fis yno, ymhen blynyddoedd wedyn. Mae Ayers Rock a'r

Barrier Reef, ar daith dridiau mewn trên o Adelaide i Perth, dros anialdir Nullarbor, yn fwy atgofus-ddiddorol o lawer na strydoedd Sydney, y Tŷ Opera-plisgyn-ŵy a Thraeth Bondai.

Ond, ar y ddau achlysur y bûm i ym mhen draw'r byd, mi fanteisiais ar y cyfle i fynd i Eglwys Gymraeg Melbourne a chael croeso cynnes yno. Cofio mynd ar yr ail ymweliad gan feddwl mynd i'r oedfa fore Sul. Cnocio ar ddrws y tŷ capel, a'r gŵr yn egluro yn Saesneg mai yn yr hwyr yr oedd y gwasanaeth Cymraeg. Holodd ni o ble roedden ni'n dod, a phan ddywedais Penisa'r-waun, fe ddawnsiodd mewn llawenydd a gweiddi ar ei wraig i ddod yno ar unwaith. Pam y cyffro? Wel, un o Benisa'r-waun oedd ei briod, Helen, ac roedd ei chwaer hi, Mary Davies, yn byw yn yr un stad dai â fi.

Oes, mae yna Gymry ym mhob rhan o'r hen fyd yma, ac mae o'n fyd bach iawn bellach.

. . .

Nid Cymro oedd y cyfaill a gwrddais yn Gambia, ond fe ddysgais ychydig o Gymraeg iddo. Buba oedd ei enw fo, Buba Jabang. Gweithio roedd o yng ngwesty mwya' moethus Gambia, sef y Kombo Beach. Bachgen ifanc, croenddu, 22 oed, a gwên barhaus ar ei wyneb o.

Roedd o wedi sylwi bod Myra a minnau'n siarad iaith wahanol i'r gweddill o'r gwesteion. Clustfeiniodd a dechreuodd ein holi. Oedd, roedd ganddo fo ddiddordeb arbennig mewn ieithoedd, ac eisoes roedd o'n gyfarwydd â dywediadau syml, bob dydd yn yr Almaeneg a'r Ffrangeg. Roedd o wedi dysgu'r ymadroddion hyn drwy sgwrsio â'r ymwelwyr. Wrth gwrs, roedd o'n rhugl ei Saesneg.

Roedd Buba'n awyddus i ddysgu'r iaith ddieithr a siaradem. Bob pnawn ar ôl gorffen ei ddyletswyddau, fe ddôi i eistedd atom i'n tŷ to gwellt ar draeth Kotu, a chyn pen dim roedd ymadroddion cyffredin fel 'bore da', 'diolch yn fawr' a dyddiau'r wythnos yn llithro'n llyfn dros ei wefusau. Chlywais i erioed yr un dysgwr yn gallu ynganu'r llythyren 'ch' mor loyw ag o. Roedd o'n gallu dweud 'dydd Mercher' a 'chwech' gystal ag unrhyw Gymro. Roedd yntau, fodd bynnag, yn llyncu'i dafod gyda'r 'll'; a châi drafferth i ynganu 'dydd Llun'.

Ta waeth, hyfryd oedd clywed Buba yn ein cyfarch yn foreol gyda 'bore da', gan ddweud pa ddiwrnod oedd hi ac yn ffarwelio â ni bob pnawn gyda 'hwyl fawr', 'gwela' i chi fory' a 'diolch yn fawr'.

Fe wyddoch chi fel finnau am sawl Sais sydd wedi ymgartrefu yn ein plith ers blynyddoedd lawer, ond na fedran nhw ddim dweud 'diolch yn fawr' heb fod eu tafodau nhw'n bwrw tin dros ben yn eu cegau nhw. Fe wyddom am eraill hefyd (a diolch amdanyn nhw) sydd wedi ymdrechu i ddysgu'n hiaith. Ond prin ydyn nhw o'u cymharu â'r gweddill.

Os ewch chi rywdro i Gambia ac aros yng ngwesty'r Kombo Beach, peidiwch â synnu os clywch chi ddyn croenddu yn eich cyfarch yn Gymraeg. Buba fydd o, reit siŵr.

Gambia ydi un o wledydd lleia' cyfandir Affrica, tua 4,000 milltir sgwâr. Tua 200 milltir o hyd ac, ar gyfartaledd, rhyw 20 milltir o led. Yr ugain milltir, mwy neu lai, yn un traeth hir yn croesawu tonnau'r Iwerydd. Ac ar y traeth hwnnw un prynhawn daeth Aberdaron yn fyw i'm cof. Criw o fyfyrwyr ifanc yn mwynhau eu hunain yn herio 'tonnau gwyllt y môr'. Aeth dau ohonyn nhw i drafferthion ac aeth eu hathro i ddannedd y môr terfysglyd i'w helpu pan glywodd eu cri. Achubwyd y ddau fyfyriwr, ond collodd eu hathro ei fywyd. Y bore wedyn roedd dwsinau o fyfyrwyr trallodus yn rhodio'r traeth yn eu gwisgoedd du a gwyn, eu golygon tua'r môr, yn disgwyl iddo ollwng corff eu hathro o'i grafangau.

Do, daeth Aberdaron, a'r diweddar brifathro John Morris, yn fyw i'm cof pan ddaeth angau i draeth Kotu ar brynhawn crasboeth o Dachwedd yn 1992.

Ar y môr a'i donnau

'Ar fôr tymhestlog' teithio roeddwn i rywle rhwng Gwlad yr Iâ a'r Ynys Las, ac wedi mynd i'r gwasanaeth bore Sul ar fwrdd y llong,

Saga Rose. Roedd hi'n fore oer, y môr yn jeli o donnau, a bryniau o eisbergs o'n cwmpas.

Côr o Philipinos, sef gweithwyr ar y llong, oedd yn agor y gwasanaeth, drwy ganu emyn. Rŵan, dydw i fawr o ganwr, ac ychydig iawn o ddiddordeb fu gen i mewn canu erioed, er mawr gywilydd imi. Ond, mi ges i sioc y bore Sul hwnnw o glywed y côr o Philipinos yn canu geiriau cyfarwydd iawn i mi:

'Mi glywaf dyner lais
Yn galw arnaf fi.'

Na, nid breuddwydio roeddwn i. Roedden nhw'n canu mewn Cymraeg perffaith. Wedi holi, deallais iddynt ddysgu'r geiriau yn gwbwl ffonetig ac mi gefais gopi o'r emyn yn union fel y bu iddyn nhw ei ddysgu:

'Me glowav dan ner layes
An gal ar na vi
E dohd ar glokhi ma yay gid
An avon Calvary

Ar cloyd damma vi
Ar da alwad di
Golkin mirlam an a gwayd
A gayd ar Galvary.'

A dyma'r pennill ola':

'Go gonyant beth am trevn
A camodh ar glanhad
Der vonyabh Yesse vel aroyve
A khannav am y gwayd.'

Do, mi genais innau gyda'r côr o Philipinos y bore Sul hwnnw, ar fôr eitha' tymhestlog ar ein taith i Fae Disko yn yr Ynys Las.

• • •

Cyfarfod â gŵr oedd yn byw yn Dawlish, ar y llong. Cymro, genedigol o Lansilin. Roedd o yn y coleg ym Mangor yr un adeg â Merêd, Islwyn Ffowc Elis a'r criw. Roland Thomas oedd ei enw.

'Roeddwn i yn y Llynges,' meddai, 'hefo un o'r enw Frank Rhys Jones o gyffiniau Caernarfon yna. Ydech chi'n ei nabod o?'

Wrth gwrs fy mod yn ei nabod. Wedi byw yn yr un stryd â fo. Ein dau wedi chwarae yn y gôl i Gaernarfon, ac wedi bod yn aelodau yn yr un capel. Frank, cyn-brifathro Ysgol Dyffryn Ogwen, sydd bellach wedi'n gadael, gwaetha'r modd.

Ddiwrnod ar ôl dod adre', mynd i'r gwasanaeth bore Sul yng Nghapel Bethel. Doedd yna ddim côr o Philipinos yno, dim ond rhyw ddwsin ohonon ni, fel arfer. Ond yno, wrth ganu'r un emyn, fe ddychmygais glywed rhyw gôr o bobol ifanc yn canu yn y pellter: 'Mi glywaf dyner lais / yn galw arnaf fi.'

Byd bach? Ia, ond byd llawn o ryfeddodau hefyd.

• • •

Rydw i'n cael rhyw gyffro o ymweld â llefydd anghysbell. Fy hoff fordaith ydi'r un i Benrhyn y Gogledd a chael ymlacio yn nhawelwch y ffiordydd yn Norwy. Dyna pam, o bosib, roeddwn i mor awyddus i fynd i'r pegwn arall hefyd a chael cip ar yr Horn.

Roeddwn i wedi darllen llawer am y fangre stormus yma lle mae'r Môr Tawel, Môr Iwerydd a'r Antarctig yn cydgyfarfod i sgyrnygu dannedd ar ei gilydd. Roeddwn i hefyd wedi darllen pryddest goronog y Prifardd Simon B Jones, 'Rownd yr Horn', ychydig ddyddiau cyn cychwyn, ac yn edrych ymlaen at gael fy siglo gan donnau gwyllt y môr ym mhen draw'r byd.

Ar fore Sul, 28 Ionawr 2001, roedd y llong bleser 'Norwegian Dream' yn hwylio drwy Sianel Beagle tua phorthladd Ushuaia. Doeddwn i ddim wedi sylweddoli fod talaith Patagonia yn cyrraedd mor isel ag Ushuaia, sef y 'ddinas bellaf yn y byd'. Mae yna daith drên i'w chael yno a ddisgrifir fel *Train to the end of the World'*. Taith ddiddorol mewn trên stêm.

Am hanner awr wedi naw fore Llun, 29 Ionawr, roedden ni yn

yr Horn, ond eto 3,168 o filltiroedd i'r gogledd o Begwn y De. Ychydig iawn o longau sy'n mynd 'rownd yr Horn' bellach, gan fod y mwyafrif yn manteisio ar Gulfor Magellan. Doeddwn i ddim wedi sylweddoli mai ynys ydi'r Horn. Does neb yn byw arni ac eithrio dau ddyn sy'n gofalu am y goleudy am gyfnodau o chwe mis ar y tro. Gan mai prin yw'r llongau sy'n mynd yno y dyddiau hyn, mae'r ddau'n falch iawn o weld llong bleser yn galw heibio i'w cyfarch. Meddyliwch am dreulio chwe mis mewn lle mor anghysbell.

Oeddwn i'n sâl môr yn yr Horn? Choeliais i fawr, roedd y môr yn bryfoclyd o dawel, a rhaid imi gyfaddef fy mod i braidd yn siomedig na chefais i'r un profiad ag a gafodd Bardd Coronog Prifwyl Wrecsam 1933.

Ond mae'r môr yn beryglus o oriog. Ymhen ychydig oriau wedi gadael yr Horn, roedd o'n sgyrnygu ei ddannedd ac yn siglo'r 'Norwegian Dream' gymaint fel y bu'n rhaid i'r capten gyhoeddi na allai lanio yn Ynysoedd y Malvinas. Siom, yn sicr, ond roedden ni ar ein ffordd i Puerto Madryn, a minnau'n edrych ymlaen at roi troed ar dir y Wladfa am y tro cynta'.

Dw i'n falch mai ar long yr es i i'r Wladfa. Wrth weld tir ar y gorwel wrth nesu at Borth Madryn, fedrwn i ddim llai na cheisio dychmygu profiad criw'r Mimosa. Roedd tripiau wedi eu trefnu o'r llong i ymweld â 'Puerto Madryn and the Gaiman Welsh Colony'. Mae'r Gaiman tua 60 milltir o Borth Madryn.

O gyrraedd y Gaiman, fe welid hysbyseb ar bob cornel – 'Tŷ Te Caerdydd – ac at yno roedd y deg llond bws yn anelu i gael y te Cymreig traddodiadol ac i wrando ar Gôr Cymraeg y Gaiman. Myra a minnau oedd yr unig Gymry ar y daith ac fe gawson ni groeso i'w gofio. Y peth cynta' a glywson ni yn y cefndir oedd Hogia'r Wyddfa'n canu 'Maradona' ac ar ôl i aelodau'r côr sylweddoli mai fi gyfansoddodd y geiriau, dywedodd un ohonyn nhw wrtha' i, ei fod wedi ennill ar y Prif Adroddiad yn Eisteddfod y Wladfa. 'Beth oedd y darn?' gofynnais. 'O, Maradona,' meddai yn llawn balchder. Ia, Maradona. Mae'r 'hen law' a fu'n ddigon o hen ben i drechu'r Saeson yn dal yn arwr yn Ariannin ac yn y Wladfa.

Dychwelyd yn y bws a sylwi ar enwau'r tai: Tŷ Gwyn, Tŷ Nain, Siop Bara, a chael cip ar y tŷ cynta' a godwyd gan Gymry yn y Gaiman. O edrych ar yr anialdir rhwng Porth Madryn a'r Gaiman, mae'n anodd amgyffred y profiad a gafodd ein hynafiaid dros ganrif a hanner yn ôl.

Ym Mhorth Madryn mae yna gerflun o ferch â'i chefn at y môr. Wynebu'r anialdir mae hi – wynebu gwlad yr addewid. Wrth i'r 'Norwegian Dream' lithro'n urddasol o olwg tir y Wladfa tua Montevideo a Buenos Aires, roeddwn i'n dychmygu'r Mimosa'n glanio ger Porth Madryn a'r paith yn wynebu'r arloeswyr gynt.

Na, doedd dim moethusrwydd ar fwrdd y Mimosa – dim gwleddoedd, dim dawnsio, dim pyllau nofio na byrddau gamblo. Dim ond mintai o Gymry Cymraeg â'u dyfodol ansicr. Dau yn unig oedd ar fwrdd y 'Norwegian Dream', a'r ddau'n hwylio am adre' yn sŵn gloddesta. Yr haul yn machlud dros erwau'r paith, a'r môr yn sibrwd ei gyfrinachau.

SEFYLL LECSIWN

Dw i wedi bod yn aelod o Orsedd y Beirdd ers 1973, pryd y cefais fy nerbyn i Urdd Ofydd er Anrhydedd gan y diweddar Archdderwydd Brinli, yn Eisteddfod Genedlaethol Dyffryn Clwyd. Bûm yn eitha' ffyddlon i'r seremonïau ac, ers i mi gael fy ethol ar Fwrdd yr Orsedd, dim ond ar dri achlysur y methais â bod yn bresennol. A dyna pam, mae'n siŵr gen i, yr oedd nifer o aelodau'r Orsedd yn dymuno fy enwebu i fod yn Archdderwydd.

Dw i wedi cyfadde' eisoes na fu gen i erioed unrhyw uchelgais i fod yn Archdderwydd, a bûm yn pendroni cryn dipyn cyn cydsynio â'r cais. Roeddwn yn holi fy hun pa gymwysterau oedd gen i ar gyfer swydd mor bwysig, ac yn enwedig o ystyried yr enwogion a fu yn y swydd o ddyddiau Clwydfardd hyd ein dyddiau ni. Mi ges alwadau ffôn a llythyrau, a daeth un neu ddau i'm gweld yn bersonol i geisio fy nghaniatâd i'm henwebu. O'r diwedd, mi gytunais, ar yr amod mai ffyddloniaid a chefnogwyr eisteddfodau bach ein pentrefi gwledig fyddai'n arwyddo fy mhapur enwebu.

Y tro cynta' i etholiad gael ei gynnal i ddewis Archdderwydd, roedd tri ohonon ni yn y ras, sef Jim Parc Nest, Robyn Llŷn a minnau. Roedd Jim a minnau wedi sylweddoli nad oedd ganddon ni siawns o gwbwl ac, yn ddistaw bach, roeddwn i'n bersonol yn eitha' bodlon, gan mai person swil a nerfus ydw i yn y bôn. Mae sefyll ar lwyfan eisteddfod leol i draddodi beirniadaeth, ac i gadeirio bardd, yn hollol wahanol i sefyll o flaen y miloedd ar lwyfan y Brifwyl, ac i annerch y dorf oddi ar y Maen Llog. Roedd arna' i ofn bod yn fethiant.

Doeddwn i ddim yn awyddus nac yn hyderus pan gefais fy mherswadio i sefyll am yr eildro chwaith, ac mi benderfynais beidio â gofyn i'r un enaid byw am eu cefnogaeth, hyd yn oed i'r saith a oedd wedi arwyddo fy mhapur enwebu. Dim ond gadael y cyfan i drefn rhagluniaeth, ac i aelodau'r Orsedd wneud eu penderfyniad mewn ffordd ddemocrataidd.

Mi awgrymais i'm cydymgeisydd, y Prifardd Gwynn ap Gwilym, yn y Cyhoeddi yng Nghaernarfon yn 2004, mai da o beth fyddai i ni'n dau orymdeithio gyda'n gilydd i ddangos nad oedd unrhyw ddrwgdeimlad rhyngom. Fe wnaethom hynny, fel ag y gwnaethom wedyn yng ngorymdeithiau'r wythnos ym Mhrifwyl Casnewydd yr un flwyddyn. Fe gawsom sawl sgwrs ddifyr yn ystod yr wythnos honno. Mi atgoffais Gwynn am y noson ar ôl ei gadeirio yn Eisteddfod Abergwaun 1986. Doedd ganddo ddim lle i aros, a chan fod yna wely gwag yn fy stafell i, mi gefais y fraint o rannu stafell gyda Bardd y Gadair. Chlywais i mo'r Prifardd newydd yn dod i'w wely, ond pan adewais yn y bore, roedd o'n mwynhau ei drwmgwsg a'r stafell yn gryndod i gyd. Pwy fasa'n meddwl, yntê, y byddem ein dau, ddeunaw mlynedd yn ddiweddarach, yn sefyll etholiad i fod yn Archdderwydd Cymru?

Efo cwmni Teithiau Seren Arian yr es i Eisteddfod Casnewydd, ac ar y bws roedd dros ugain o aelodau'r Orsedd, a phob un ohonyn nhw – medden nhw – wedi pleidleisio i mi. Yn ystod seremonïau'r wythnos, daeth amryw ata' i i ddymuno'n dda imi, a dweud eu bod nhw, a sawl ffrind arall iddyn nhw, wedi rhoi croes wrth fy enw i. Os oedd y cyfeillion hyn yn dweud y gwir, roeddwn i'n dechrau ofni mai fi fyddai Archdderwydd Cymru. Roeddwn i'n dechrau simsanu braidd.

Yng nghyfarfod cyffredinol Bwrdd yr Orsedd ar ddydd Gwener yr eisteddfod, fe wireddwyd yr ofn hwnnw, a chefais fy nghyflwyno i'r gynulleidfa yn ystod seremoni'r cadeirio y prynhawn hwnnw gan yr Archdderwydd Robyn Llŷn, fel yr Archdderwydd Etholedig.

Yn y *Western Mail* y bore dilynol, roedd y cofnod a ganlyn: *'The newly elected Archdruid Selwyn Iolen, also known as Gwynn ap Gwilym, refused to be interviewed in English on the eisteddfod field.'* Gwrthodais â gwneud cyfweliad yn Saesneg am fod cyfansoddiad yr Eisteddfod yn datgan yn glir mai Cymraeg ydi iaith yr Eisteddfod a'r Ŵyl ac fe eglurais fy mod i'n berffaith fodlon gwneud cyfweliad drwy gymorth cyfieithydd. Ar ôl i mi gyrraedd adre', roedd yna nifer o lythyrau a negeseuon ar y ffôn yn cefnogi fy safiad. Ys gwn i a gafodd Gwynn negeseuon cyffelyb?

Roeddwn i'n edrych ymlaen at ddiwrnod y gorseddu ym Mharc Singleton, Abertawe, gan fawr hyderu y byddai'r tywydd yn ffafriol. Ond, fel roedd yr achlysur yn agosáu, roedd y nerfau'n dechrau dawnsio. Roedd arna' i ofn bod yn fethiant. Gan mai gyrrwr sobor o wael ydw i, aeth fy nghyfaill Geraint Lloyd Owen (Geraint Llifon) â fi i Abertawe yn gynnar ar y dydd Gwener ar gyfer yr ymarfer. Geraint ac Elis Wyn oedd i'm cyflwyno yn y seremoni. Gofynnais i'r ddau oherwydd eu cefnogaeth gyson i'r eisteddfodau lleol yn ogystal ag i'r Genedlaethol.

Roedd llond bws o gefnogwyr, gan gynnwys nifer o aelodau'r Orsedd, yn cychwyn yn gynnar fore Sadwrn o'r Gogledd ar gyfer y seremoni, ac roeddwn i'n falch iawn ac yn ddiolchgar iddyn nhw am eu cefnogaeth. Roeddwn i'n fwy na balch o weld un arall yno hefyd, sef fy unig wyres, Taliesin, neu Tali, fel y gelwir hi. Er iddi dreulio ei phlentyndod cynnar yng Nghanada fe ddychwelodd i Gaerdydd a chafodd ei haddysg yn Ysgol Treganna ac, yn ddiweddarach, yn Ysgol Bro Gŵyr, Abertawe. Dw i'n hynod falch mai Cymraes ydi Tali, a phrofiad hyfryd oedd ei gweld yn y seremonïau ym Mhrifwyl Abertawe, ac roedd Myra a finnau yn llawen iawn o'i gweld yn un o'r morynion ym mhriodas Euron a Jacci yn Neuadd y Ddinas, Caerdydd, mis Medi 2004.

Mi benderfynais o'r cychwyn i osgoi trafod gwleidyddiaeth oddi ar y Maen Llog. Dydw i ddim yn wleidydd, a dw i ddim yn credu fod pobol yn mynd i'r Eisteddfod i glywed rhywun yn sôn am wleidyddiaeth. Dod i'r Eisteddfod maen nhw i fwynhau'r amrywiol gystadlaethau, ac i ymweld â'r gwahanol bebyll ac i fwynhau diwylliant yn gyffredinol.

Fy mhrif ddyletswydd i fyddai arwain seremonïau'r Orsedd a chadeirio pwyllgorau Bwrdd yr Orsedd. Braint fyddai cael anrhydeddu'r prifeirdd a'r prif lenorion, a gwneud hynny mewn ffordd syml, naturiol ac urddasol, gobeithio, fel y byddai awr fawr eu buddugoliaeth ar lwyfan y Brifwyl yn aros byth yn eu cof. Nhw sy'n bwysig, nid yr Archdderwydd.

Roedd un ffaith yn gysur mawr imi, sef mai ar dir Y Faenol y byddai fy Eisteddfod gynta', o fewn tair milltir i 'nghartre'. Ac, fel mab i chwarelwr, edrychwn ymlaen at gael sefyll ar y Maen Llog newydd ar lawnt y plas.

EIN LLAIS O'R MAEN LLOG

Y mae hanes mewn meini
sy'n hŷn na'n harferion ni,
hŷn na Maes, a chylchoedd mud,
a hafau prifwyl hefyd;
hŷn na galwad gwialen
ynom ni, y mae 'na hen
ddefod cyn bod cleddyfau –
a mwy, yn Gymraeg y mae.

I Faenol yr haf uniaith
y doi di i wneud dy waith;
yno, at newydd feini,
o un i un, y down ni.

Ac ers Awstiau'r dechrau'n deg,
hen wirionedd dwyfronneg
yn wyneb haul goleuni
ydyw aur dy glogyn di;
hyd yr aur mae'n hiaith yn drwch
a'r weddi'n gri o 'Heddwch'.

Karen Owen

I BARC Y FAENOL

Cyn i mi gyrraedd Maes yr Eisteddfod ar y bore Llun cynta', roeddwn i wedi achosi tipyn o helynt. Er fy mod i wedi gwneud sawl cyfweliad o'm cartre' yn Gymraeg a Saesneg cyn yr Eisteddfod, roeddwn wedi datgan na fyddwn i'n barod i wneud cyfweliadau Saesneg ar y Maes. Roedd yr isod wedi ymddangos yn y *Daily Post*, a'r pennawd wrth gwrs yn gwbwl gamarweiniol:

English out
New Archdruid Selwyn Iolen said he would not give press and media interviews in English.

He vowed throughout his three-year term of office to stand by the Eisteddfod's strict Welsh language rule when interviewed on the Eisteddfod Maes.

He said he will only be interviewed in English through an interpreter.

Hon oedd stori'r dydd, ond yn ôl yr ymateb ffafriol a gefais i ar y Maes yn ystod yr wythnos, a hefyd drwy lythyrau a negeseuon ffôn, roeddwn i'n dawel fy meddwl ynglŷn â'm safiad.

Yn anffodus, oherwydd y glaw, ni ellid cynnal yr Orsedd ar y meini newydd ar y Maes, ac yn Neuadd y Brifysgol y gwnes i fy anerchiad cynta' o'r 'Maen Llog'. Roedd amryw o feibion cyn-chwarelwyr wedi awgrymu i mi beth ddylwn ei gynnwys yn fy anerchiad. Wnes i ddim cynnwys yr holl awgrymiadau, o na. Mi fûm i'n eitha' doeth a pharchus, drwy fanteisio ar y cyfle i dalu teyrnged i'r cyn-chwarelwyr a chwyddodd gyfoeth gŵr yr aur a'r Faenol dros y canrifoedd. Dyma ran o'r anerchiad:

'Yma ar Barc y Faenol y bore yma, dw i'n ymfalchïo fy mod i'n eisteddfodwr ac yn fab i chwarelwr. Dw i'n berffaith sicr hefyd y byddai'r miloedd o gyn-chwarelwyr a fu'n naddu eu bara beunyddiol o grombil y graig, am gardod o gyflog, yn ymfalchïo ac yn llawenhau ein bod ni, fel cenedl, yn cynnal ein Gŵyl Genedlaethol yma ar lawnt y plas, ar dir y meistr a fu'n berchennog y chwarel. A fedra' i ddim llai na meddwl, rhywsut y byddan nhw yma hefyd gyda ni, yn cyd-lawenhau drwy gydol yr wythnos.

Yn ei ragair i'r llyfr, *Bargen Dinorwig*, gan y cyn-chwarelwr a'r Prif Lenor, Emyr Jones, mae'r diweddar Athro Bedwyr Lewis Jones yn cydnabod ein dyled ni i froydd y chwareli, ac yn datgan bod y chwareli llechi wedi cyfrannu'n gyfoethocach nag unrhyw ddiwydiant arall i'n diwylliant llenyddol ni.

Yn wir, ganol y ganrif ddiwetha', fe gynhaliwyd Eisteddfod Gadeiriol yn un o gabanau Chwarel Dinorwig a neb llai na'r cyn-Archdderwydd Bryn Williams yn beirniadu'r cerddi ac yn gweinyddu Seremoni'r Cadeirio. Ac fe welwyd un o enillwyr Eisteddfod y Caban yn gwisgo'r Fedal Ryddiaith yn Eisteddfod Genedlaethol Y Fflint 1969. Ac yn Eisteddfod Genedlaethol Dyffryn Clwyd 1973, cyn-chwarelwr arall yn ennill y Fedal. Dau gyn-chwarelwr, y ddau yn Brif Lenorion ein Prifwyl, a dau Emyr hefyd – Emyr Jones ac Emyr Roberts.

Ewch yn ôl i'r ganrif flaenorol, i Eisteddfod Genedlaethol Lerpwl 1884. Yno fe enillodd Edward Foulkes, stiward gosod yn y chwarel, ar y Bryddest, ac fe enillodd côr o chwarelwyr Dinorwig – Côr Arvonic – y brif gystadleuaeth gorawl allan o 14 o gorau.

Ydi, mae dylanwad y diwydiant llechi wedi cyfrannu'n bur helaeth tuag at ein diwylliant ni, yn gerddorol ac yn llenyddol. Roedd W J Gruffydd yn cydnabod y byddai'n fwy na balch o gael rhai o chwarelwyr diwylliedig y broydd hyn yn ei ddosbarthiadau yn y Brifysgol.

A chloi efo nodyn personol. Thorrodd Nhad erioed air â'i

feistr, a chafodd o erioed wahoddiad i ddod yma ar dir y plas. Ond mi gafodd Mam wahoddiad i ddod yma i de parti pan oedd hi'n ddisgybl yn Ysgol Bethel. Parti i ddathlu buddugoliaeth enillydd cenedlaethol – *national winner*. Na, nid Prifardd, na Phrif Lenor, ond buddugoliaeth Jerry M, un o geffylau'r Faenol, a oedd wedi ennill y Grand National yn Aintree.

Cyn diwedd yr wythnos, mi fydd yna gannoedd o *national winners* wedi troedio tir Y Faenol yma – yn feirdd a chantorion, unigolion a phartïon a chorau. Pob un yn ymfalchïo eu bod nhw yn *national winner*. A fydd yna yr un ceffyl yn hawlio rhuban glas yn eu mysg nhw.

Oes, mae yna fwlch yn wal Y Faenol. Dowch drwyddo fo i fwynhau'r ŵyl.'

Roedd Eisteddfod Eryri yn un hapus iawn i mi, a hyfryd oedd cael teilyngdod yn y tair seremoni. Roeddwn i'n adnabod y ddau Ddylan ers blynyddoedd. Yn wir, bu'r ddau yn cystadlu adrodd o dana' i lawer blwyddyn yn ôl. A Christine James oedd y ddysgwraig gynta' i ennill Coron yr Eisteddfod Genedlaethol. Cawsom gynnal Seremoni'r Orsedd fore Gwener 'yn wyneb haul llygad goleuni' a defnyddio'r meini symudol am y tro cynta'.

• • •

Mi gwrddais â nifer o bobol ddiddorol ar strydoedd Caernarfon ar ôl yr eisteddfod. Nifer ohonyn nhw nad oeddwn wedi torri gair â nhw cynt, er bod wyneb amryw ohonyn nhw'n gyfarwydd i mi.

Fe blesiodd un foneddiges fi'n fawr iawn (ydw, rydw i am ei galw hi'n foneddiges). Fe ddaeth ata' i ar y Maes, â gwên fawr ar ei hwyneb gan sôn am yr eisteddfod lwyddiannus a gafwyd yn Y Faenol, ac wrth ffarwelio, meddai: 'O'n i'n deud wrth y gŵr 'cw, *chap* ifanc fel chi sydd isho ar gyfer y job yna!'

Wel, bendith arni. Roedd hi wedi diflannu cyn i mi ddod dros y sioc, a ches i ddim cyfle i ddiolch, nac i roi clamp o gusan iddi am dynnu blynyddoedd oddi ar fy oedran i. Oedd hi o ddifri tybed? Digon o waith.

Ond, fe ysgogodd fi i wneud tipyn o waith ymchwil a darganfod pwy oedd yr Archdderwydd ieuenga' i gael ei ethol, a phwy oedd yr hynaf hefyd.

Yr hynaf o gryn dipyn oedd yr Archdderwydd swyddogol cynta', sef Clwydfardd. Er iddo wneud y gwaith am flynyddoedd cynt, fe'i hetholwyd yn swyddogol i'r swydd yn y flwyddyn 1888, ac yntau'n 88 mlwydd oed. Ond rhaid cofio hyn: fe wnaeth o gamp i unrhyw Archdderwydd, sef cerdded i gopa'r Wyddfa pan oedd yn 84 mlwydd oed.

Beth am y 'to ifanc'? Yr ieuenga' i gael ei ethol yn Archdderwydd, hyd y gwela' i, oedd y Cymrawd a'r cyn-Gofiadur, Jâms Niclas. 53 oed oedd Jâms pan etholwyd o. Beth am y 'chap ifanc' y bu'r foneddiges mor garedig â'i gyfarch ar Faes Caernarfon? Rhaid i mi ei siomi hi, mae gen i ofn. Fe'i ganed yn 1928 ac fe'i hetholwyd i'r barchus swydd yn 2005.

Roedd y 'chap ifanc' a gafodd y fraint o wneud y job ar Barc y Faenol yn nes at oed Clwydfardd nag at oed Jâms. Ac fe all gyfadde' â'i ddwy law ar ei ddwyfronneg, na fydd o byth yn cyflawni camp Clwydfardd a llwyddo i gerdded i gopa'r Wyddfa yn ystod ei dymor. Mae dringo'r Maen Llog yn dipyn o gamp iddo bellach.

GALWADAU ERAILL

Wrth ymadael â Pharc y Faenol ar derfyn Eisteddfod Eryri a'r Cyffiniau, wnes i erioed ddychmygu y byddwn i'n cael gwahoddiad i gymaint o ddigwyddiadau amrywiol yn ystod fy nhymor fel Archdderwydd.

Mi ges brofiad diddorol iawn yn Eisteddfod Powys 2005 a gynhaliwyd yn hen dre'r Bala dirion, deg. Roedd o'n achlysur arbennig gan fod Gorsedd Powys yn gorseddu Derwydd Gweinyddol newydd, i fod yn y swydd am dair blynedd.

Gan nad oedd y tywydd yn caniatáu cynnal y seremoni yng nghylch yr Orsedd ar Grîn y Bala, fe'i cynhaliwyd yn Ysgol y Berwyn. A dyna sut y cefais i reid mewn trelar o gwmpas strydoedd y Bala. Fe drefnwyd i'r Derwydd Etholedig eistedd ar y tractor gyda'r dreifar, a'r Derwydd Gweinyddol, y Cofiadur a minnau ar y trelar. Profiad arbennig, a Stryd Fawr y Bala yn llawn o wylwyr gyda'u camerâu.

Yn ôl swyddogion yr eisteddfod, roedd hwn yn achlysur hanesyddol am ddau reswm. Dyma'r tro cynta' i Archdderwydd Cymru fod yn bresennol ar achlysur urddo Derwydd Gweinyddol Eisteddfod Powys, a dyma'r tro cynta' i un gael ei gludo drwy strydoedd y Bala ar drelar.

• • •

Cawsom, fel swyddogion Gorsedd y Beirdd, wahoddiad i Bontypridd i ddathlu pen-blwydd ein hanthem genedlaethol yn 150 oed.

Chafodd 'Hen Wlad fy Nhadau' mo'i hysgrifennu yn arbennig fel anthem genedlaethol, ond yn fuan iawn fe ddaeth yn ffefryn mewn eisteddfodau ac, erbyn marwolaeth Evan James yn 1878, roedd hi wedi dod yn anthem genedlaethol i ni. Cafodd fersiwn Lydaweg o 'Hen Wlad fy Nhadau' ei mabwysiadu fel anthem Llydaw yn 1902, ac mae hefyd wedi'i chyfieithu i'r Gernyweg, ac roedd cynrychiolwyr o Orseddau Llydaw a Chernyw gyda ni yn y dathlu.

Cynhaliwyd y gweithgareddau mewn pabell fawr ar Barc Ynysangharad, ac mi gefais i wahoddiad i annerch tua phum cant o blant ysgolion cynradd y cylch. Awgrymais i'r plant, pe byddai Evan a James James yn fyw heddiw y bydden nhw'n filionêrs, gan fod yr anthem wedi cael ei chanu fwy o weithiau, reit siŵr, na hyd yn oed 'The Green Green Grass of Home'.

Yn dilyn y cyngerdd, fe gawsom ein cyrchu i lecyn hyfryd uwchben Pontypridd, i'r fan lle bu Iolo Morganwg yn cynnal ei orseddau cynnar. Yno, wrth gwrs, yr oedd y Maen Chwŷf, neu'r Maen Siglo, fel y cyfeirir ato. Hwn, heb os, ydi'r Maen Llog mwya' yng Nghymru. Yn wir, mae digon o le ar hwn i gôr ganu.

Roedd yna risiau arbennig wedi eu gosod fel y medrwn i ddringo i'w ben heb fawr o drafferth. Yn ôl y sôn, nid felly y bu hi yn hanes yr Archdderwydd cynta', Clwydfardd. Fe gafodd o gryn drafferth i ddringo'r Maen Siglo er ei fod, fel y cyfeiriais eisoes, yn hen ŵr go heini. Wrth i'w gydorseddogion geisio'i helpu, roedd ar Clwydfardd druan ofn rhwygo'i drowsus newydd tra'n ymlafnio i gyrraedd safle diogel ar y Maen Siglo.

Ydi, mae'r Maen yn dueddol o siglo, ond rhaid i mi gyfadde' ei fod o'n teimlo'n berffaith gadarn pan ges i'r fraint o sefyll arno yn wyneb haul llygad goleuni ar 12 Mehefin 2006.

Roedd yna nifer o blant o ysgolion y cylch o gwmpas y meini, a gofynnwyd i mi ddarllen awdl fer o waith Ieuan ap Iago, sef Evan James, awdl a draddodwyd ganddo ar y Maen Siglo ar 28 Medi 1850.

Oedd, roedd hi'n fraint arbennig cael sefyll ar y Maen hanesyddol hwn, lle cynhelid y Gorseddau cynnar, ac fe gawson ni, gynrychiolwyr Gorsedd y Beirdd, ynghyd â'n cyfeillion o Orseddau Cernyw a Llydaw, amser difyr iawn yng nghwmni plant ardal

Pontypridd ar achlysur dathlu pen-blwydd ein hanthem genedlaethol yn 150 oed.

· · ·

Cafwyd dathlu arall ar Ynys Môn, sef cyhoeddi canmlwyddiant Eisteddfod Môn ym mhentre' Bodffordd. Fe estynnwyd gwahoddiad i ni fel Gorsedd i ymuno â Gorsedd Môn a Gorsedd Powys ar yr achlysur. Roedd hwn yn amgylchiad hanesyddol, gan mai hwn oedd y tro cynta' erioed i'r tair Gorsedd gydgyfarfod.

· · ·

Tasg arall a ddaeth i'm rhan oedd arwain dirprwyaeth o Orsedd y Beirdd at y Prifweinidog, Rhodri Morgan, i geisio ganddo sicrhau y byddai'r Llywodraeth yn ailystyried cynnwys gwelliant yr Arglwydd Prys-Davies ynglŷn â gweithredu egwyddorion yr iaith Gymraeg.

Roedd hwn yn faes dieithr iawn i mi, ac mi deimlwn allan o'm dyfnder, ond roeddwn mewn cwmni profiadol, sef y Barnwr Dewi Watcyn Powell; yr Aelod Seneddol, Elfyn Llwyd; a'r cyn-Archdderwydd a Swyddog Cyfreithiol yr Orsedd, Robyn Llŷn. Da oedd deall i ni lwyddo, ac i'r Arglwydd Prys-Davies, mewn anerchiad yn Nhŷ'r Arglwyddi, nodi ei werthfawrogiad am gyfraniad yr Orsedd yn pwyso'n llwyddiannus ar y Llywodraeth i newid meddwl.

· · ·

Roedd o'n brofiad arbennig cael ymweld â'r Mod, a gynhaliwyd yn nhref Dunoon yn yr Alban. Dyma eisteddfod genedlaethol yr Alban, a gynhelir mewn gwahanol lefydd yn flynyddol, ar wythnos pan mae'r ysgolion ar gau ym mis Hydref.

Disgwylid i mi ymweld â'r holl wledydd Celtaidd yn ystod fy nhymor yn Archdderwydd. Roeddwn i eisoes wedi bod mewn rhai, ond dyma'r tro cynta' i mi gael y cyfle i fynd i'r Mod.

Prif ganolfan y gweithgareddau oedd neuadd enfawr y Queen's

Hall, ond roedd nifer o gystadlaethau yn cael eu cynnal mewn neuaddau llai yn y dre', yn ogystal ag yn yr ysgolion. Dechrau yn brydlon am naw a mynd ymlaen drwy gydol y dydd, a'r cyfan, wrth reswm, drwy gyfrwng Gaeleg.

Roedd y cystadlaethau canu i gyd yn ddigyfeiliant ac roedd yna ddau feirniad ar bob cystadleuaeth – un i feirniadu'r ynganu, a'r llall yn canolbwyntio ar y ddawn gerddorol ac, yn naturiol, roedd yna nifer dda o ddysgwyr yn cystadlu ymhlith y plant.

Yn y cyfarfod agoriadol fe gafwyd anerchiadau ac fe ddisgwylid i mi roi anerchiad byr yn Gymraeg, gan ychwanegu ychydig eiriau yn yr Aeleg.

Diddorol oedd sylwi ar y rhestr enwau yn y cystadlaethau i blant. Yn aml iawn, yr un enwau a welid yn y canu, yr adrodd a rhai o'r cystadlaethau offerynnol. Mae hyn i'w weld yn amlach na pheidio yn ein heisteddfodau ni yng Nghymru hefyd.

Bob nos, roedd yna gyngerdd yn y neuadd yn cynnwys holl enillwyr y dydd, a'r cyfan yn cael ei recordio ar gyfer rhaglenni teledu. Fel yn ein heisteddfod ni, roedd y niferoedd yn lleihau yn y cystadlaethau dros bymtheg oed.

Mi gefais i fwynhad mawr ar y prynhawn Sadwrn yn Stadiwm Dunoon. Cynhaliwyd yno yr hyn a elwir yn Mod Shinty, sef math o gêm hoci rhwng dau dîm lleol. Ond roedd hwn yn hoci gwahanol ac yn fwy peryglus o lawer na'r hoci roeddwn i'n gyfarwydd ag o. Roedd y bêl yn fflio drwy'r awyr ar brydiau ar gyflymdra eitha' peryglus, a'r taclo gyda'r ffyn yn ffyrnig. Prynhawn diddorol iawn – y cyfan yn rhan o'r ŵyl. Fe geir gêm gyffelyb bob blwyddyn lle bynnag y cynhelir y Mod.

Brynhawn Sul, fe gynhelid gwasanaeth crefyddol yn yr eglwys a'r cyfan, yn naturiol, drwy gyfrwng yr Aeleg, gydag offer cyfieithu ar ein cyfer. Yn ystod yr wythnos fe gafwyd dramâu a rhoddwyd gwobrau am farddoniaeth a llenyddiaeth. Arferid coroni bardd yn y Mod ac mae sôn am adfer y seremoni yn y dyfodol.

Tua diwedd yr wythnos roedd yr oedolion yn cystadlu, gan gynnwys, wrth gwrs, y corau. Yn anffodus, bu'n rhaid i mi ddod adre' cyn diwedd yr ŵyl, gan fod gen i gyfarfod pwysig iawn ym Methesda.

Ac yn syth o'r Mod i Ddyffryn Ogwen, gan i mi gael gwahoddiad i'r cyfarfod arbennig a drefnwyd i anrhydeddu Gwynfor ab Ifor, Prifardd cadeiriol Abertawe 2006, ynghyd â'r enillwyr eraill a roddodd bentre' Rhiwlas ar y map y flwyddyn honno.

A dyna noson i'w chofio. Neuadd Ogwen yn llawn. Eitemau gan nifer o gorau. Detholiadau o'r bryddest a oedd yn deilwng o'r Goron yn ôl un o'r beirniaid. Unawdau a chyfarchion gan nifer o feirdd lleol, a detholiadau o'r awdl fuddugol.

Hir y pery'r hen draddodiad o anrhydeddu ein henillwyr cenedlaethol yn ein hardaloedd. Braint ac anrhydedd i mi oedd cael cyfle i gadeirio Gwynfor am yr eildro, a hynny yn ei fro ei hun.

• • •

Na, nid ar wythnos y Brifwyl yn unig mae'r Archdderwydd yn brysur. Mae yna alwadau arna' i'n gyson drwy'r flwyddyn i ymweld â gwahanol gymdeithasau ac eisteddfodau ac i fynychu sawl pwyllgor. A braf yw cael cyfadde' fy mod i wedi mwynhau'r holl waith ychwanegol hefyd, a diolch am y croeso a gefais ym mhob man, ac yn enwedig am sawl gwledd a gefais yng nghwmni Merched y Wawr ar achlysur dathlu Gŵyl Ddewi. Rhai da ydi'r merched am wledda.

CAU PEN Y MWDWL

Yn ystod fy nhymor fel Archdderwydd, mi ges i'r fraint o dderbyn amryw o aelodau newydd i'r Orsedd. Yr unig eiriau y disgwylir i mi eu dweud wrth eu derbyn, ydi 'Croeso i'r Orsedd'. Mae'n anodd ymatal rhag dweud ychydig mwy wrth ambell un, oherwydd eu cyfraniad arbennig mewn gwahanol feysydd, ac weithiau oherwydd rhyw atgofion personol.

Ychydig wythnosau cyn Eisteddfod Abertawe, roeddwn i wedi mynd drwy bentre' Corris ar gyflymdra o 36 milltir yr awr, ac roedd camerâu Mr Brunstrom wedi cofnodi'r ffaith. Mi gefais ddirwy o £60 a thri phwynt ar fy nhrwydded am gyflawni'r drosedd. Ym Mhrifwyl Abertawe, roeddwn i'n cael y fraint o dderbyn y Prif Gwnstabl i'r Orsedd, i Urdd Derwydd er Anrhydedd, o dan yr enw barddol Prif Gopyn. Pan safodd o ar risiau'r Maen Llog, a chyn i mi gael ei gyfarch, fe ddywedodd wrtha' i am beidio â phoeni am y tri phwynt. Roedd hyn, wrth gwrs, yn stori dda i'r wasg, gan fod y byd a'r betws yn gwybod am fy ngyrru 'gwyllt' drwy Gorris. Cafodd y Prif Gopyn groeso cynnes gan y dorf, a hynny yn gwbl haeddiannol oherwydd ei benderfyniad i ddysgu'r Gymraeg, a'i barodrwydd i'w siarad hi. Mi fanteisiais innau ar y cyfle i dynnu ei sylw at y ffaith bod yna fwy o gamerâu yno y bore hwnnw nag a welais i erioed o'r blaen. Ac wrth ei dderbyn i'r Orsedd, sibrydais wrtho, 'Gyrrwch yn ofalus'. Ac yn nodweddiadol o'i hiwmor, roedd yna wên fawr ar ei wyneb. Gyda llaw, mae'r tri phwynt yn dal ar fy nhrwydded i.

Mi gefais gwmni'r Prif Gopyn yn yr Wyddgrug hefyd, a diolch iddo am ei ffyddlondeb i'r seremonïau. Mae'n arferiad gen i, cyn i Feistres y Gwisgoedd fy nilladu, fynd i'r tŷ bach. Yn wir, mi a' i yno fwy nag unwaith, a hynny yn fy siorts. Fe fyddai'n amhosib i mi fynd ar ôl i Siân Aman fy ngwisgo. Dychwelyd o un o'r teithiau hyn yr oeddwn pan welodd y Prif Gopyn fi, a'm tywys ato a mynnu cael llun ohona i gydag o. Fo yn barchus yn ei wisg wen, a finnau fel petawn ar fin mynd i chwarae pêl-droed.

Daeth nifer helaeth o Orseddogion ata' i ar ddiwedd seremoni'r Cadeirio yn yr Wyddgrug i ddymuno'n dda i mi, a geiriau ola'r Prif Gopyn i mi wrth ffarwelio oedd, 'Hwyl fawr, Sel.' Ia, hen foi iawn sy'n haeddu deg pwynt gen i – nid tri.

Wrth dderbyn fy nghyfaill, Trefor Lloyd Hughes, aelod o Gymdeithas Bêl-droed Cymru, i'r Orsedd yn yr Wyddgrug, manteisiais ar y cyfle i ofyn iddo sicrhau bod aelodau tîm pêl-droed Cymru, sy'n cael y fraint o wisgo'r crys coch, yn dysgu geiriau ein hanthem genedlaethol, a'i chanu gyda balchder ar ddechrau pob gêm. Ychwanegais y byddai ganddyn nhw well gobaith i ennill gemau wedyn, yn hytrach na sefyll mor fud â physt gôl. Yn ôl y gymeradwyaeth, roedd hi'n amlwg fod y dyrfa fawr o gwmpas y meini'n cytuno efo fi.

Bu Prifwyl Sir y Fflint a'r Cyffiniau yn ddiweddglo hapus i mi, gan inni gael tywydd heulog er gwaetha'r ofn am 'eistedd-fwd'. Profiad hapus i mi oedd cael coroni Tudur Dylan Jones yn fy eisteddfod ola' fel Archdderwydd, gan i mi gael y fraint o'i gadeirio yn fy eisteddfod gynta' ar Barc y Faenol. A phrofiad yr un mor hapus oedd cael cadeirio 'Wncwl Jim' yn fy seremoni ola' brynhawn Gwener.

Eisteddfod hapus, hwyliog a heulog oedd Eisteddfod Sir y Fflint a'r Cyffiniau, a phleser i mi ar gychwyn seremoni'r Cadeirio oedd cael cyflwyno fy olynydd, y Prifardd Dic Jones, Dic yr Hendre, i'r gynulleidfa. Dymunaf bob llwyddiant iddo ac edrychaf ymlaen at gael ei orseddu yn Archdderwydd Cymru ar ddydd y Cyhoeddi yn y Bala. Gobeithio y caiff yntau deilyngdod ym mhob un o'r naw seremoni yn ystod ei dymor fel Archdderwydd.